职业教育电子商务专业 系列教材

网络推广

（第2版）

主　编／许嘉红

副主编／赖雨菲　朱泽娜

参　编／（排名不分先后）

杨林梦　李　虹　何辉华

张特晓　邱苑琼　吴玉娜

重庆大学出版社

内容提要

本书详细介绍了互联网环境下常用的网络推广方式,共分为9个项目,内容涉及项目1走近网络推广、项目2新品面市——头条推广战、项目3产品推广——论坛口碑战、项目4品牌推送——微博观点战、项目5客户维护——邮件追击战、项目6知名度提升——搜索排名战、项目7销售促进——网络广告战、项目8市场开拓——微信推广战、项目9粉丝抢夺——电商直播战。本书以网络推广的工作过程为导向,以任务驱动为主线,根据网络推广的岗位要求和职业素养要求,围绕企业网络推广的核心工作,采用项目的方式,通过任务的形式进行讲解,每个项目由项目综述、项目目标、项目任务、项目总结、项目检测组成。在教学内容的选取和搭建上,坚持以习近平新时代中国特色社会主义思想为指导,以服务发展为宗旨,以促进就业和适应产业发展需求为导向,在教学目标上将思想政治教育渗透和贯彻在教学过程中,力求培养遵纪守法、诚实守信、自强自立的网络推广人才。

本书可作为职业院校电子商务专业的教材,也可作为网络创业者和电子商务从业人员的必备参考用书。

图书在版编目(CIP)数据

网络推广 / 许嘉红主编. -- 2版. -- 重庆：重庆大学出版社，2022.12(2024.7重印)
职业教育电子商务专业系列教材
ISBN 978-7-5689-0837-5

Ⅰ.①网… Ⅱ.①许… Ⅲ.①网络营销—职业教育—教材 Ⅳ.①F713.365.2

中国版本图书馆 CIP 数据核字(2022)第 024938 号

网络推广（第2版）
WANGLUO TUIGUANG

主　编　许嘉红
副主编　赖雨菲　朱泽娜
策划编辑：王海琼

责任编辑：王海琼　　版式设计：王海琼
责任校对：刘志刚　　责任印制：赵　晟

*

重庆大学出版社出版发行
出版人：陈晓阳
社址：重庆市沙坪坝区大学城西路 21 号
邮编：401331
电话：(023) 88617190　88617185(中小学)
传真：(023) 88617186　88617166
网址：http://www.cqup.com.cn
邮箱：fxk@ cqup.com.cn（营销中心）
全国新华书店经销
重庆市正前方彩色印刷有限公司印刷

*

开本：787mm×1092mm　1/16　印张：13.25　字数：332 千
2018 年 1 月第 1 版　2022 年 12 月第 2 版　2024 年 7 月第 10 次印刷
印数：21 001—26 000
ISBN 978-7-5689-0837-5　定价：49.00 元

编写人员名单

主　编　许嘉红　广州市黄埔职业技术学校

副主编　赖雨菲　广州市黄埔职业技术学校

　　　　朱泽娜　深圳博伦职业技术学校

参　编　（排名不分先后）

　　　　杨林梦　广州市黄埔职业技术学校

　　　　李　虹　广州市黄埔职业技术学校

　　　　何辉华　佛山陈村职业技术学校

　　　　张特晓　中山市沙溪理工学校

　　　　邱苑琼　广东江南理工高级技工学校

　　　　吴玉娜　湛江财贸中等职业学校

本书自问世以来,深受师生欢迎。现根据《国家职业教育改革实施方案》的精神,并结合网络推广理论与实践的最新发展,对教材再一次进行修订,以满足职业院校相关专业的教学需要。

本次修订基本保持上一版比较成熟的框架结构和知识体系,对内容进行了比较大的修改,主要包括:

(1)在教学目标上,将思想政治教育渗透和贯彻在教学过程中,力求培养遵纪守法、诚实守信、自强自立的网络推广人才。

(2)与时俱进,更新了各项目的案例和已过时的数据和图片。

(3)根据网络推广的实际发展情况,删除了网络新闻项目,新增了今日头条、直播两个项目。

(4)与"1+X"考证接轨,增加数据分析元素。

(5)为了满足不同的教学需要,对部分知识点增加了二维码资源,拓展和丰富了教学内容。

(6)调整了体例格式,新增加了各教学单元的思维导图,以便于教师授课和学生提纲挈领地学习和掌握知识要点。

(7)为保持本教材与配套资源的一致性,对配套资源的内容也作了同步修订。

修订以后,本书突出体现了以下几个特色:

(1)在教学内容的选取和搭建上,坚持以习近平新时代中国特色社会主义思想为指导,以服务发展为宗旨,以促进就业和适应产业发展需求为导向,在教学目标上将思想政治教育渗透和贯彻在教学过程中,力求培养遵纪守法、诚实守信、自强自立的网络推广人才。

(2)以提高学生的实际操作能力和掌握技能为主线,与时俱进,注重流行元素,跟上时代潮流,随着信息技术发展和产业升级情况对教材内容进行及时更新,对接经济发展趋势和市场需求,选取能够反映新规范、新业态、新模式的教学内容。

(3)以服务发展为宗旨,以促进就业为导向。在每个教学单元中设计了网络推广实践环节,引导学校在教学过程中能够根据自身特点和人才培养需要,积极主动地与具备条件的企业在人才培养、技术创新、就业创业、社会服务、文化传承等方面开展合作,实现产教融合发展。

(4)本书修订过程中,得到行业企业人员的多方帮助,为本书提供了相关资料和素材,并对本书提出了很多宝贵的意见和建议。

本课程总学时为72学时,具体学时分配如下(仅供参考):

课程内容		学时数			
		合计	讲授	实训	机动
项目 1	走近网络推广	4	2	2	
项目 2	新品面市——头条推广战	7	4	3	
项目 3	产品推广——论坛口碑战	7	3	4	
项目 4	品牌推送——微博观点战	8	4	4	
项目 5	客户维护——邮件追击战	6	3	3	
项目 6	知名度提升——搜索排名战	8	4	4	
项目 7	销售促进——网络广告战	8	4	4	
项目 8	市场开拓——微信推广战	8	4	4	
项目 9	粉丝抢夺——电商直播战	8	4	4	
机动		8			8
合计		72	32	32	8

本次修订由许嘉红主编,教材增加了两个项目,编写新增项目的有赖雨菲(项目 9)、杨林梦(项目 2);参加修订的有李虹(项目 1)、何辉华(项目 3)、赖雨菲(项目 4、项目 7)、许嘉红(项目 7)、张特晓(项目 5)、朱泽娜(项目 6)、吴玉娜(项目 7)、邱苑琼(项目 8)。

本书的配套资源包括 PPT、电子教案、习题答案、期中和期末试卷各一套及习题答案等,可登录重庆大学出版社资源网站下载(www.cqup.com.cn)。

在本书修订过程中,得到了多位企业人员的大力支持,为本书提供了资料和素材,在此表示衷心的感谢。

由于时间仓促,书中难免有不足之处,敬请读者指正。

编　者
2022 年 1 月

　　随着互联网的快速发展、产业结构的调整以及企业信息化的推进,很多中小企业已经拥有或正逐步建立属于自己的电商系统。"互联网+"的出现提升了网络推广的价值,慢慢地得到广大企业主的认可和重视。随着国家相关扶持政策的陆续出台,不断加大对电子商务行业的支持力度,再加上电子商务行业低成本、无地域限制、方便高效、时效性强等特点,对传统行业产生了极大的冲击。网购越来越流行,电子商务不断发展,在此背景下,如何做好产品网络推广,在企业营销竞争中的作用越来越重要。

　　网络推广是电子商务专业的核心课程,做好网络推广能促进电子商务的发展,是电子商务的重要环节。网络推广方式有很多种,在本书的编写过程中,我们以提高学生的实际操作能力、掌握技能为主线,利用情境模拟,结合当前流行的网络推广方法以及企业发展需求,讲解网络推广方法,步骤明确,易于学生接受和掌握。

　　本书注重理论和实践相结合,循序渐进地在完成任务中学习知识和技能,通过情境模拟案例将不同推广方法的步骤和技巧展现给学习者。本书可作为电子商务专业的教材,也可作为营销类、财经商贸类专业的教材。

　　现对本书的特点作以下说明:

　　(1)注重知识的循序渐进,注重实践的可操作性和完成性。本书根据学生的学习特点,力求激发学生的阅读和学习兴趣,在教材环节的编排上下了一些功夫。每一章都是由项目综述、项目目标、项目任务、项目总结、项目实训、项目检测组成的。其中,项目任务又由情境设计、任务分解、活动实施、活动评价、知识窗组成。通过任务的完成、步骤的解剖、知识窗的点拨,让学生能快速掌握技能,并升级为理论知识的储备。

　　(2)注重学生就业指导,突出岗位要求和职业素养。目前网络推广人员是比较紧缺的人才,只有学好知识和技能,才能胜任网络推广岗位。本书重视培养工学结合的综合人才,例如项目1的内容除了让学生了解什么是网络推广之外,还呈现出网络推广的岗位要求和职业素养,让学生在学习的过程中对未来就业有所了解和准备。

　　(3)注重流行元素,跟上时代潮流,掌握如网络新闻、论坛、微博、电子邮件、搜索引擎、微信等推广方法。目前,微信的用户越来越多,是当前比较流行的推广平台,微信提供公众平台、朋友圈、消息推送等功能,用户可以通过"摇一摇""搜索微信号""附近的人"、扫描二维码等方式添加好友和关注公众平台,同时微信将内容分享给好友以及将用户看到的精彩内容分享到微信朋友圈,推广速度快、效率高,是网络推广的重要手段。

　　参加本书编写的有广东交通职业技术学院陈元、广州市黄埔职业技术学校李虹(项目1),广东交通职业技术学院陈元(项目4),广东省工业贸易职业技术学校郑丹娜(项目2、项目6、项目8),广州市黄埔职业技术学校许嘉红、中山市技师学院吴高峰(项目3),广州现代信息工程职业技术学院黎雪贞(项目5、项目7)。许嘉红任主编,黎雪贞、郑丹娜任副主编,由许嘉红统稿。

　　本书的配套资料可在重庆大学出版社的教育资源网站(www.cqup.com.cn)上下载。

在本书编写过程中,参阅了大量专著和相关资料,在此谨向相关的专家学者表示衷心的感谢。由于编者水平有限,书中疏漏及错误在所难免,诚请广大读者和专家批评指正。

编　者

2017 年 6 月

目录

参考文献

项目 1
走近网络推广

【项目综述】

暑假即将到来，这对于大多数学生来说是一件值得期待的事情。但电子商务专业二年级的王乐、李超等人却希望早点接触校外真实的工作环境和纷繁的世界。他们发现不少同学也有着同样的想法，于是组成了一个"暑期实习小分队"，准备选择一家公司进行实习。

实习前，王乐他们利用互联网了解目前电子商务专业毕业生的就业方向，对网络推广相关工作很感兴趣，有针对性地了解网络推广相关岗位的工作内容、任职条件和职业素养要求，希望找到他们能够胜任的工作。

通过这次准备工作，王乐他们明白了，无论什么岗位、什么学历，都要求应聘者要有扎实的基础知识、熟练的基本技能、积极向上的工作态度。他们对这次实习充满了期待，也确定了以后努力的方向。

【项目目标】

知识目标

通过本项目的学习,应达到的具体目标如下:

◇了解目前电子商务专业毕业生的就业方向。

◇了解网络推广岗位任职条件。

◇了解网络推广岗位职业素养。

能力目标

◇能够搜索招聘信息。

◇能够识别适合自己的招聘信息。

素质目标

◇关注时事,培养民族自豪感和爱国主义情怀。

◇树立爱岗敬业的劳动观念,培养团结协作的团队精神。

◇强化网络推广意识,提高网络活动组织能力,培养良好的职业素养。

【项目思维导图】

```
                                            ┌─────────────────────┐
                          ┌─────────────────┤ 活动1  搜索身边的就业机会 │
                          │                 └─────────────────────┘
            ┌─────────────────────────┐     ┌─────────────────────┐
            │ 任务1  认识网络推广岗位要求 ├─────┤ 活动2  了解岗位工作内容 │
            │                         │     └─────────────────────┘
┌───────────────┐
│ 项目1  走近网络推广 │
└───────────────┘     ┌─────────────────────────┐     ┌─────────────────────┐
            │         │                         ├─────┤ 活动1  了解岗位任职条件 │
            └─────────┤ 任务2  培养网络推广职业素养 │     └─────────────────────┘
                      │                         │     ┌─────────────────────┐
                      └─────────────────────────┴─────┤ 活动2  提升职业素养 │
                                                      └─────────────────────┘
```

任务 1 »»»»»»»
认识网络推广岗位要求

情境设计

同学们在学校食堂讨论如何找到适合自己的"暑期工",大家都有一个明确的目标——寻找电子商务专业对口的就业岗位,特别是网络推广相关的岗位,这是大家共同感兴趣的话题。王乐看到了某招聘网站张贴的宣传广告,立即从脑子里蹦出了一个新想法——上招聘网站找工作,周围同学们一致认为这个方法值得一试。

任务分解

为了能够了解将来就业的岗位和具体的工作内容,王乐想到了通过互联网的求职平台获得自己所需要的信息,考虑到求职网站都需要求职者输入一定的搜索条件来筛选职位信息,王乐等人把"城市""行业""公司名"作为搜索方向。本次任务主要分为两个活动:①搜索身边的就业机会;②了解岗位工作内容。

活动 1   搜索身边的就业机会

活动背景

面对互联网上海量的信息,王乐等人犯难了,如何才能快速、准确地找到有用的岗位信息呢? 他们决定先从确定搜索平台入手。

?? 想一想

王乐他们会从哪里收集到这些岗位的基本资料呢?

▢ 知识窗

国内常见的招聘平台有前程无忧、智联招聘、中华英才网、猎聘网、58 同城、拉勾网等。

国外常见的招聘平台有海归求职网、Indeed、Monster、凯业必达等。

活动实施

步骤1：确定求职平台。

打开百度网站，搜索"招聘"关键词，点击"前程无忧""智联招聘"等国内知名招聘网站，从中搜索出合适的岗位(图1.1.1、图1.1.2)。

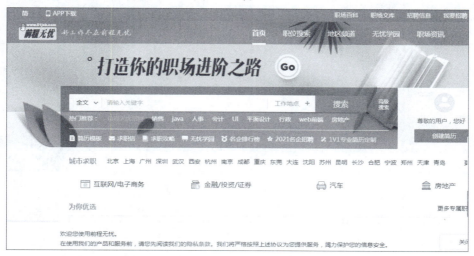

图1.1.1　"前程无忧"首页

图1.1.2　"智联招聘"首页

步骤2：选择合适的搜索策略。

(1)从"前程无忧"招聘网站寻找广州地区招聘网络推广人员的岗位，打开网页，选择"互联网/电子商务"类别，查找相关的工作岗位(图1.1.3)。

图 1.1.3　在"前程无忧"页面选择"互联网/电子商务"

（2）在"搜全文/搜公司"栏目中输入"网络推广"，将公司类型锁定在公司名中含有"网络推广"的相关公司，并在地区中选择"广州"进行岗位搜索（图1.1.4）。

图 1.1.4　"前程无忧"职位搜索

活动评价

　　王乐经过一轮职位搜索，终于搜索到在广州地区与自己专业相符或相近岗位的公司。周围同学们一致认为这是一个可以找到合适工作的途径，便纷纷通过互联网去尝试。通过这次职位搜索体验，王乐觉得自己在信息搜索方面还有很多不足，需要在今后的学习中继续加强"网络搜索"的技能，相信掌握这方面的技能对将来找工作也是大有裨益的。

国内常见的
招聘平台

活动 2　了解岗位工作内容

活动背景

　　这次求职搜索所获得的职位信息横跨多个行业,涉及多种不同类型的企业和职位,王乐等人决定首先从了解每个工作岗位的工作内容开始,寻找合适的岗位。

?? 想一想

　　这些工作具体内容是什么呢?

□ 知识窗

　　网络推广(Web Promotion)是以互联网为载体,以企业产品或服务为核心内容,建立网站、App、小程序、H5 等,通过各种免费或收费渠道展现给网民的一种广告方式,网络推广可以达到"小投入大回报"的效果。

　　常见的网络推广方式就是整体推广、互助推广、百度推广(CPC、CPS、CPV、CPA)等,免费网站推广就是论坛、SNS、交换链接、B2B 平台建站、博客以及微博、微信等新媒体渠道方式。

　　网络推广常见的岗位有网络推广专员、新媒体运营/网络推广、网络营销推广、网络推广引流等。它的主要工作内容有引流加粉、广告投放与优化调整、监控和分析投放的数据、分析并优化广告账户、提供有效的运营推广方案、提高转化率等。

活动实施

　　步骤 1:从搜索结果中选择岗位。

　　从搜索结果中找到了很多网络推广相关的工作岗位,有网络推广助理(图 1.1.5)、网络推广专员/SEM/SEO 专员(图 1.1.6)、网络直播推广专员(图 1.1.7)、短视频运营(图 1.1.8)、网络推广专员(图 1.1.9)、新媒体运营/网络推广(图 1.1.10)等。

网络推广助理 10-02发布	网络推广专员/SEM/SEO专员 11-01发布
4-8千　广州-白云区 | 1年经验 | 大专	6-8千 | 佛山 | 2年经验 | 大专
五险一金　补充医疗保险　员工旅游　交通补贴　餐饮补贴　绩效奖金	推广　五险一金　员工旅游　年终奖金　绩效奖金　专业培训

图 1.1.5　网络推广助理　　　　　　　　　图 1.1.6　网络推广专员/SEM/SEO 专员

□ 网络直播推广专员 11-01发布	短视频运营 08-05发布
6千-1.2万　广州-黄埔区 | 1年经验 | 大专	6.5-8千　广州-海珠区 | 1年经验 | 大专
绩效奖金　社保　员工旅游　大小周	五险

图 1.1.7　网络直播推广专员　　　　　　　图 1.1.8　短视频运营

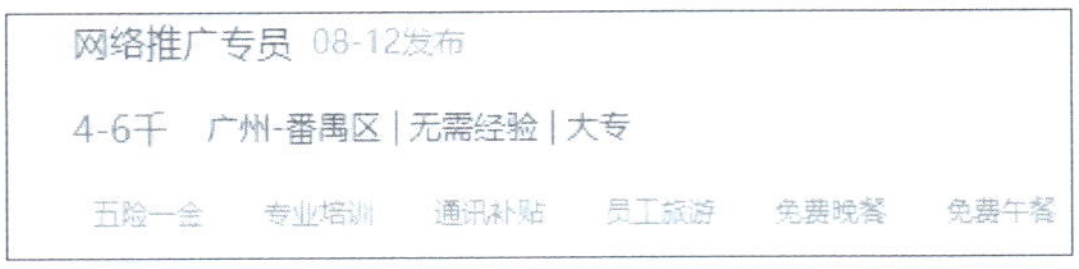

图 1.1.9 网络推广专员

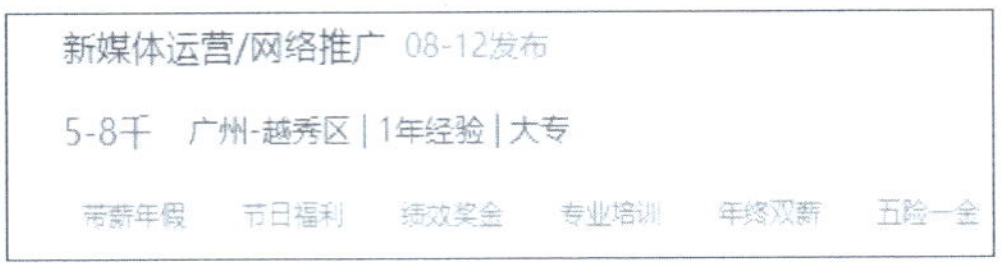

图 1.1.10 新媒体运营/网络推广

步骤 2. 了解工作内容。

通过几个比较有代表性的岗位，深入了解它们的工作内容。

网络推广助理岗位（表 1.1.1）的工作内容是协助网络推广及网站优化人员工作；利用各类免费的信息发布平台发布公司信息，提高品牌知名度及产品曝光率；维护官网、自媒体，撰写、更新相关内容；定时更新维护所发布的推广信息等。

表 1.1.1 广州 SW 汽车配件有限公司招聘网络推广助理

岗位要求	①负责维护官网、自媒体，撰写、更新相关内容； ②协助网络推广及网站优化人员工作； ③能撰写各类型文档，包括微信、软文、新闻、公文等； ④负责站外链接的创建和维护； ⑤利用各类免费的信息发布平台，如百度知道、贴吧、问答、论坛、社区、博客、分类信息网站等进行公司信息发布，提高品牌知名度及产品曝光率； ⑥每日需定时更新维护所发布的推广信息，且做好工作记录。

网络推广专员/SEM/SEO 专员岗位（表 1.1.2）的工作内容是负责 SEM 推广（SEM 推广是指利用搜索引擎来进行网络营销和推广，实现产品的曝光和品牌的提升）管理，监控优化推广效果，达成制定的各项指标；负责推广计划搭建与维护，关键字提炼优化，落地页及创意优化等；负责信息流，社交媒体广告等其他精准类投放渠道，优化投放效果；分析网站统计报告，对于网站内容优化以及广告投放渠道优化提出建议。

表 1.1.2 广州 BY 软件科技有限公司招聘网络推广专员/SEM/SEO 专员

岗位要求	①SEM 推广账户管理，并根据业务范围/推广重点调整投放策略，对推广效果进行监控优化，达成部门制定的各项指标； ②负责搜索引擎推广，负责推广计划搭建与维护，关键字提炼优化，落地页及创意优化等，定制输出数据分析报告； ③负责信息流、社交媒体广告等其他精准类投放渠道，优化投放效果； ④分析网站统计报告，对于网站内容优化以及广告投放渠道优化提出建议。

网络直播推广专员岗位（表 1.1.3）的工作内容是负责早期的直播搭建，制作简单短视频，负责文案策划及短视频拍摄等；负责开拓公司网络营销资源和渠道，提升网站整体流量和知名度；策划、执行在线推广活动，收集推广反馈数据，不断改进推广效果；运用多种网络推广手段来提高公司品牌的知名度，以达到咨询量增加的效果等。

表 1.1.3　广州 ZY 科技有限公司招聘网络直播推广专员

岗位要求	①负责公司开拓网络营销资源和渠道,提升网站整体流量和知名度; ②负责早期的直播搭建,制作简单短视频,包括直播、视频创意策划、视频剪辑,负责短视频拍摄及文案策划工作; ③策划、执行在线推广活动,收集推广反馈数据,不断改进推广效果; ④运用多种网络推广手段(如抖音、微信、微博等)来提高公司品牌的知名度,以达到咨询量增加的效果; ⑤负责公司网站的推广,目录网站做外链; ⑥利用合理途径提升网站流量、访问量及转化率等指标。

短视频运营岗位（表 1.1.4）的工作内容是短视频脚本策划、拍摄、剪辑;负责短视频策划;跟进短视频推广效果,持续优化;关注时下热点,能二次创作。

表 1.1.4　广州 YRM 化妆品有限公司招聘短视频运营

岗位要求	①完成短视频脚本策划、拍摄、剪辑等工作,对视频有想法,根据热点讯息二次创作自己的内容; ②负责短视频策划工作; ③跟进视频发布推广后的效果,分析数据,持续优化; ④对时下热点有洞察力,具备模仿、改编及创作能力。

网络推广专员（表 1.1.5）的工作内容是负责引流加粉、信息流广告投放;负责广告账户投放并优化,与客户沟通,制定有效可执行的优化策略;负责监控和分析投放的数据,提高转化率等。

表 1.1.5　广州 QY 科技有限公司招聘网络推广专员

岗位要求	①负责引流加粉、信息流广告投放,负责抖音、快手、今日头条其中至少一个平台; ②负责广告账户投放优化调整,与客户沟通,了解 KPI,制定有效可执行的优化策略,对投放效果负责; ③负责监控和分析投放的数据,分析并优化广告账户,提高转化率、ROI 等; ④独立处理日常问题。

新媒体运营/网络推广岗位（表 1.1.6）的工作内容是负责公司新媒体平台的日常运营和维护;制定并实施与用户互动的策略;跟进公司需求,策划并执行热门话题营销;配合公司官网拓展线下活动;为公司寻求资源平台,扩大影响力。

表 1.1.6　广州 YC 网络科技有限公司招聘新媒体运营/网络推广

岗位要求	①负责微信公众账号日常运营和维护工作,为公司整体品牌传播和营销服务; ②制定并实施清晰的用户互动策略,增加粉丝数量,粉丝活跃度和忠诚度; ③跟进公司需求,策划并执行微媒体热门话题营销; ④负责与公司官网拓展线下活动等相配合; ⑤与外部有价值的平台或资源寻求合作,聚集人气,扩大影响力。

活动评价

经过搜索，王乐等人找到了网络推广相关专业的岗位有网络推广助理、网络推广专员/SEM/SEO 专员、网络直播推广专员、短视频运营、网络推广专员、新媒体运营/网络推广等。了解到这些岗位的工作内容，对网络推广相关专业的岗位有了一定的认识。

任务 2 »»»»»»»
培养网络推广职业素养

情境设计

面对之前搜索出来的众多网络推广相关岗位，有哪些岗位适合自己呢？ 自己离这些岗位有多远呢？ 要做什么准备工作呢？ 他们带着疑惑回到学校，电子商务专业的徐老师引导他们分析各类岗位的任职条件，提炼职业素养，明确努力方向。

任务分解

为了让同学们更快、更清晰地认识自己将来要面对的岗位和选择的方向，徐老师引导他们归纳网络推广相关岗位任职条件，提炼职业素养，确定努力方向和目标。这次任务分为两个活动：①了解岗位任职条件；②提升职业素养。

活动1　了解岗位任职条件

活动背景

面对同学们的疑惑,徐老师认为在知识储备不足的情况下,首先应该以对应聘者学历、技能、工作经验要求不高的岗位的任职条件作为目标,迈出第一步,再根据电商专业各类岗位的要求提升自我,确定未来的就业方向。

?? 想一想

电子商务学生可从哪里迈出第一步呢?

□ 知识窗

一般企业向社会招聘电子商务专业所涉及的岗位群基本包括网页美工与开发、运营推广两大类型。

网页美工与开发类职位普遍对应聘者的技能要求较高,基本上面向计算机类的毕业生,也有部分企业会招收有一定技能的电子商务专业毕业生。这类岗位普遍要求毕业生能够熟练运用 Photoshop、Dreamweaver、Flash 等软件,以及具备一定的计算机编程能力,并能独立地对企业商务网站(网页)进行设计建设及维护工作。

运营推广类职位对应聘者学历的要求没那么严格,从中职到本科学历都有需求的企业。具体工作岗位涉及客服专员、文案编辑、运营推广、网络推广等,一般对求职者的职业素养如性格特点、为人处世、沟通能力、服务意识等方面提出要求,同时要求求职者对行业发展有一定的了解,对具体的技术能力也有要求。其中,网络推广相关岗位对求职者要求熟练使用即时通信工具和社交媒体开展营销活动,如 QQ、阿里旺旺、论坛、微博、微信、抖音等工具。

活动实施

步骤 1:了解网络推广相关岗位的任职条件。

(1)网络推广助理岗位的任职要求是:求职者要熟练掌握网络推广、SEO 优化、自媒体运营的相关知识;热爱 SEO 工作,善于主动挖掘网络资源。要求求职者工作态度积极,有良好的职业素养、敬业精神和团队精神。招聘该类岗位的公司多数会优先考虑聘大专以上学历,并且熟悉 Photoshop 的基本操作的电子商务专业等相关专业毕业生。(表 1.2.1)。

表 1.2.1　广州 SW 汽车配件有限公司招聘网络推广助理

任职条件	①熟悉网络推广、SEO 优化、自媒体运营的相关知识。 ②工作态度积极,有良好的职业素养、敬业精神和团队精神。 ③懂 Photoshop,热爱 SEO 工作,善于主动挖掘网络资源。 ④大专以上学历,电子商务专业等相关专业毕业生优先考虑。

(2)网络推广专员/SEM/SEO 专员岗位的任职要求是:求职者要有相关行业 SEM 和展示类广告投放工作经验。熟悉常用的搜索引擎竞价操作,熟悉常用的信息流广告投放流程。熟练使用 Excel,有较强的数据整理、分析、汇报能力。该岗位适合工作认真、细致,有较强的责任心和良好的抗压力,热爱 SEM/SEO 推广事业的电子商务专业毕业生(表 1.2.2)。

表 1.2.2　广州 BY 软件科技有限公司招聘网络推广专员/SEM/SEO 专员

任职条件	①有一年以上相关行业 SEM 和展示类广告投放工作经验。熟悉常用的搜索引擎竞价操作,熟悉常用的信息流广告投放流程。 ②对数据敏感,具备较强的分析能力。熟练使用 Excel,有较强的数据整理、分析、汇报呈现能力。 ③工作认真、细致,有较强的责任心和良好的抗压力。

(3)网络直播推广专员岗位的任职要求是:求职者有网络推广和直播经验;熟悉主流媒介的传播模式,懂得社媒、搜索引擎等渠道投放的底层逻辑;语言表达流畅,逻辑清晰,条理分明;对数字敏感,具备数据分析能力。该岗位要求工作认真、细致、敬业,注重团队合作,热爱网络直播推广工作的电子商务专业毕业生(表 1.2.3)。

表 1.2.3　广州 ZY 科技有限公司招聘网络直播推广专员

任职条件	①大专及以上学历,语言、文化传媒、艺术等相关专业,熟悉互联网行业。 ②语言表达流畅,逻辑清晰,条理分明,具备较强的学习能力和创新能力,对数字敏感,具备数据分析能力,一年以上的网络推广经验,直播经验优先录用。 ③熟悉主流媒介的传播模式,懂得社媒、搜索引擎等渠道投放的底层逻辑。 ④有广告网络投放经验、市场运营经验者优先考虑。 ⑤工作认真、细致、敬业,注重团队合作;善于沟通,语言表达能力强,富有创意,具有较强的学习能力。

（4）短视频运营的任职要求是：求职者要有短视频运营经验，有良好的商业敏感性，能准确提炼产品卖点，能筛选客户，有效引流。该岗位要求求职者工作认真负责，抗压能力强，能接受挑战，是短视频平台的重度用户，适合热爱短视频事业的电子商务专业毕业生（表1.2.4）。

表1.2.4　广州 YRM 化妆品有限公司招聘短视频运营

任职条件	①有短视频运营经验,沟通力主动性强。 ②具备良好的商业敏感性,能准确提炼卖点,戳中用户痛点。 ③懂得如何提高作品曝光率,筛选客户,达到有效引流。 ④视频平台重度用户,对热点有敏锐嗅觉。 ⑤工作认真负责、踏实勤奋、抗压能力强、能接受挑战。

（5）网络推广专员的任职要求是：求职者要熟悉互联网广告投放系统及竞价逻辑，有信息流投放经验，能监控和分析数据，有加粉行业或者视频广告投放经验者可以优先考虑，营销策划专业也可以优先考虑。该岗位要求求职者对数据敏感、自我学习能力强，工作积极主动、抗压能力强、逻辑思维强，适合优秀的电子商务专业毕业生进行挑战（表1.2.5）。

表1.2.5　广州 QY 科技有限公司招聘网络推广专员

任职条件	①大专及以上学历;有加粉行业或者视频广告投放的经验优先,营销策划专业可以考虑。 ②熟悉互联网广告投放系统及竞价逻辑,有1年以上及每天>1W 信息流投放经验。 ③工作积极主动、抗压能力强、自我学习能力强、逻辑思维强。 ④对数据敏感,快速分析账户数据、视频投放数据,善于发现数据的变化。

（6）新媒体运营/网络推广岗位的任职要求是：求职者要熟悉新媒体平台和自媒体运营，对移动互联网热点高度关注，有较强的文字编辑能力，有独立策划、实施新媒体活动的能力。该岗位要求求职者思维活跃、有创意，工作积极主动，有良好的团队意识，适合热爱新媒体行业的电子商务专业毕业生（表1.2.6）。

表1.2.6　广州 YC 网络科技有限公司招聘新媒体运营/网络推广

任职条件	①专科以上学历,市场营销、广告、电子商务、新闻、中文等专业优先; ②热爱新媒体行业和自媒体运营,对微信、微博、互联网等平台较为熟悉; ③对移动互联网发展和时下热点高度关注,思维活跃、有创意、有较强的文字编辑能力; ④有独立策划、实施新媒体活动的能力; ⑤积极主动,责任心强,有良好的团队意识; ⑦能服从领导安排,及时完成领导交给的工作。

以上这些网络推广相关岗位任职条件的共同点是有相关工作经验的优先考虑，因此，电商专业的学生可利用寒暑假期多参加相关岗位的实习工作，慢慢积累经验，为以后就业打下坚实的基础。

步骤2：归纳岗位要求和任职条件。

电子商务岗位可分为"网页美工与开发类"岗位和"网络运营推广类"岗位，"电商客服""电商运营""网络推广助理""网络直播推广专员""网络推广专员""新媒体运营/网络推广专员"等岗位基本上可以归属于"网络运营推广类"的岗位,从上述岗位归纳总结出"网络运营推广类"的岗位要求和任职条件(表1.2.7)。

表1.2.7 "网络运营推广类"岗位要求和任职条件

网络推广类岗位要求	①了解网络推广相关行业发展趋势,认可该行业。 ②完成日常接待、跟进和回访客户,处理售前、售后及评价回复。 ③收集市场信息,编辑产品文案,策划商务活动。 ④熟练掌握论坛、软文、QQ群、微信群、点评网络、信息流、问答平台、文库等推广方式,具备网站数据及客户特征的分析能力。 ⑤熟悉SEO搜索引擎优化技术和广告投放方式。 ⑥具备创意策划能力、执行能力,具有较好的文字功底,能够开发渠道、推广产品,建立广泛的网络合作伙伴。 ⑦负责收集反馈数据,并完成产品推广的效果评估,提出改进方案。
网络推广类任职条件	①热爱新媒体行业和自媒体推广,有较强的文字编辑能力。 ②工作积极主动、责任心强、有较强的学习能力和抗压能力。 ③熟悉各种网络推广模式,掌握各种网络推广常用手段。 ④具有较强的数据敏感性和数据分析能力,能熟练使用Excel。 ⑤具备较强的应变和沟通能力,有团队协作精神,积极完成上级交代的工作事宜。 ⑥有互联网广告投放优化经验者优先。 ⑦有网络推广、新媒体推广、市场运营工作经验者优先。

从"网络运营推广类"任职条件上分析,"网络推广类"岗位的要求有高有低,有些岗位对学历、经验要求都不是很高。此类工作岗位要求求职者责任心强、善于沟通、有协作精神;要求掌握市场营销学、网络营销学知识,具备常用的网络推广技能及基本计算机操作能力;要求掌握一些摄影学知识和技能,计算机平面技能知识,具备独立设计方案的能力;要求熟练使用新媒体运营工具及常见网络推广方式对公司产品、服务进行网络宣传推广;要求有较强的独立工作能力和自主学习能力。

活动评价

在徐老师的指导下,王乐通过对网络推广多个相关岗位的任职条件的分析,也深入了解了这些岗位要求和任职条件。

活动2 提升职业素养

活动背景

在徐老师帮助下,同学们发现网络推广类岗位对求职者的基本软文编辑能力、新媒体运营能力、基本推广能力都有相应的要求。同学们也在徐老师的指导下提炼了"网络推广类"岗位的职业素养,确定以后努力的目标。

?? 想一想

我应该怎么做才能符合企业的任职条件呢?

□ 知识窗

(1)从事网络推广行业工作应具备四大能力素养:行业观察能力、网络编辑能力、新媒体运营能力和基本业务能力。行业观察力是指对电子商务行业的观察力和洞察力;网络编辑能力是指利用相关专业知识进行信息编辑的能力;新媒体运营能力是指运用新媒体工具进行运营的能力;基本业务能力是指运用各项基本技能,开展业务工作的能力。

(2)网络推广行业的职业素养培养目标有个人素质目标、知识目标和技能目标。个人素质目标是指电子商务专业学生个人性格、能力等方面需要达到的目标,知识目标指的是电子商务专业学生在知识储备方面要达到的目标,技能目标是电子商务专业学生在技能应用方面要达到的目标。

活动实施

步骤1:提炼职业素养。

同学们在徐老师的引导下,提炼了电子商务专业毕业生从事网络推广相关工作必备的四大能力素养(表1.2.8)。

表1.2.8 四大能力素养

行业观察能力	①时刻关注网络推广行业发展趋势。 ②爱岗敬业,遵守行业规范,保持对该行业的认可度。 ③持续学习、及时更新行业知识。 ④有良好的商业敏感度,有清晰的策略思维。
网络编辑能力	①关注时政热点,思维活跃,具备网络编辑的能力。 ②具备良好的理解、洞察、判断能力,能够准确捕捉热点和卖点。
新媒体运营能力	①具备营销人员的基本素质。 ②具备很强的市场洞察力、数据分析能力和活动策划能力。 ③熟练使用互联网新媒体运营工具推广产品。 ④具备多种营销手段,以促成订单、提高商品销量能力。
基本业务能力	①具有较强的应变能力,善于开展客户沟通。 ②具备较强的责任心、沟通能力与团队协作能力。 ③具备一定的计算机操作能力,有自我学习能力和较强的抗压能力。

步骤2:明确职业素养目标。

根据四大职业能力素养,确定职业素养培养目标为个人素质目标、知识目标和技能目标(表1.2.9)。

在徐老师的帮助下,王乐他们发现了"网络推广"这门课对未来就业十分重要,认为可以把提升网络运营推广知识作为近期目标。为此,他们准备认真学习使用网络运营工具和网络推广方式,熟练运用办公软件,加强数据分析能力,加强编辑方案能力,做好商务活动策划等,努力提高知识储备,缩小自身素质与企业岗位要求间的差距,争取尽好地达到企业的岗位要求。

表 1.2.9　职业素养培养目标

个人素质目标	①关注网络推广行业发展趋势,了解相关法律法规,遵守行业规范。 ②性格开朗、积极向上,严谨诚信、责任心强。 ③爱岗敬业,具有较强的应变和沟通能力与团队协作精神。 ④具备较强的学习能力。
知识目标	①具备基本的软文写作知识,编辑推广产品文案。 ②具备市场营销基本知识。 ③具备商务活动策划知识。 ④具备网店运营基本知识。 ⑤具备网络推广基本知识。 ⑥具备计算机基本知识。
技能目标	①熟练计算机操作,具备较快的文字录入速度。 ②熟练操作 Office 等办公软件,具有较好的数据分析和总结能力。 ③熟练使用互联网新媒体运营工具推广产品。 ④熟练网店运营相关操作。 ⑤熟练产品拍摄,熟练使用 Photoshop。 ⑥熟练运用多种网络推广手段,做好网站的推广和外链,提升网站流量、访问量及转化率等指标。 ⑦熟练收集市场信息,具备良好的商务活动策划运作能力,协助促成订单。

活动评价

同学们通过对照提炼的网络推广行业职业素养,发现了自身能力和知识储备与企业的岗位需求还有一定的差距,确定了提升网络运营推广知识和相关技能为近期目标。决定以后要好好学习、积极配合老师完成的任务,学好每一个知识点,争取早日达到企业用人标准。

项目总结

本项目通过项目教学的方式,让同学们了解到电子商务专业毕业的大致就业方向,搜集到网络推广相关岗位信息。通过大量真实的企业招聘信息,让同学们了解目前这些岗位的岗位要求和任职条件。最后,本项目提炼了目前适合网络推广相关岗位对应聘者职业素养的要求。

素养提升

王乐通过互联网了解了适合网络推广相关岗位的工作内容、任职条件和职业素养要求,明确了今后的努力方向。同时还领悟到要加强学习相关的法律法规政策,提高防范意识。在求职应聘的过程中,不仅要擦亮双眼,警惕招聘"陷阱",更要保护好自身的权利,不让不法分子钻了空子。

求职常见的陷阱和预防方法

项目实训

任务描述:

组织学生分组进行角色扮演,参加电子商务招聘活动,完成实训任务。

任务分工:

(1)第 1 小组学生扮演招聘者,确定招聘流程,制订招聘方案。

（2）第2小组学生扮演招聘者，制订招聘岗位、岗位要求和岗位职责。

（3）第3小组学生扮演评委，制订评分标准和评分细则。

（4）第4小组学生扮演应聘者，制作求职简历，按招聘方案完成应聘任务。

实训评价：

实训评价表

指标 组别	是否完成 （10分）	完成质量 （25分）	完成时间 （5分）	团队合作 （10分）	汇报情况 （50分）	得分
第1小组						
第2小组						
第3小组						
第4小组						

项目检测

1. 单项选择题

（1）电子商务专业毕业生的就业方向主要是（　　　）类岗位。

    A. 网络运营推广　　　　B. 网站开发　　　　C. 影视设计　　　　D. 需求与产品设计

（2）下列属于招聘网站的是（　　　）。

    A. 淘宝网　　　　　　B. 智联招聘　　　　C. 慧聪网　　　　　D. 南方传媒网

（3）网络推广是以（　　　）为载体，建立网站、App、小程序、H5 等，通过各种免费或收费渠道展现给网民的一种广告方式。

    A. 企业　　　　　　　B. 产品　　　　　　C. 服务　　　　　　D. 互联网

（4）下列不属于招聘网站的是（　　　）。

    A. 赶集网　　　　　　B. BOSS 直聘　　　　C. 慧聪网　　　　　D. 智联招聘

（5）网络推广以企业产品或（　　　）为核心内容，建立网站，通过各种免费或收费渠道展现给网民的一种广告方式。

    A. 企业　　　　　　　B. 产品　　　　　　C. 服务　　　　　　D. 互联网

（6）网络直播推广专员的工作内容是负责早期的直播搭建，制作简单短视频，负责文案策划及（　　　）等。

    A. 商品美化　　　　　B. 商品拍摄　　　　C. 网站设计　　　　D. 短视频拍摄

（7）新媒体运营/推广岗位的工作内容是负责公司新媒体平台的日常（　　　），制定并实施与用户互动的策略。

    A. 运营和维护　　　　B. 运营　　　　　　C. 维护　　　　　　D. 推广

（8）网络推广专员岗位职责要求求职者熟悉 互联网投放系统及竞价规则，有（　　　）经验。

    A. 网站设计　　　　　B. 图形图像处理　　C. 数据分析　　　　D. 信息流投放

（9）网络推广专员/SEM/SEO 专员岗位的工作内容是负责（　　　）推广管理，提炼优化关键字，监控优化推广效果。

    A. SEO　　　　　　　B. SEM　　　　　　C. 广告　　　　　　D. 关键字

（10）短视频运营的岗位职责要求求职者能完成短视频脚本策划、拍摄、剪辑，负责（　　）策划工作、跟进短视频推广效果，持续优化等工作。

    A. 微信公众号   B. 短视频   C. 微博   D. 头条

2. 多项选择题

（1）网络运营推广类岗位需要毕业生掌握（　　）。

    A. Photoshop 使用技能   B. 网络营销基础理论

    C. 软文写作技能   D. 活动策划技能

（2）下列哪些是常见的招聘网站？（　　）

    A. 淘宝闲鱼   B. 58 同城   C. 阿里巴巴   D. 前程无忧

（3）下列哪些属于从事网络推广相关工作必备的能力素养？（　　）

    A. 行业观察能力   B. 基本业务能力   C. 网络编辑能力   D. 新媒体运营能力

（4）下列哪些属于常用的网络推广方式？（　　）

    A. App 应用   B. 微博推广   C. 社交平台推广   D. 搜索引擎推广

（5）从事网络推广相关工作的毕业生要求具备一定的（　　）能力。

    A. 计算机   B. 策划   C. 营销   D. 软件设计

（6）从事网络推广相关工作的毕业生应具备（　　）能力。

    A. 持续学习   B. 及时更新知识

    C. 社交   D. 时刻关注网络推广行业的发展趋势

（7）一般企业向社会招聘网络推广工作的岗位群基本包括（　　）。

    A. 网页美工与开发   B. 运营推广   C. 社交平台推广   D. 搜索引擎推广

（8）下列不属于招聘网站的是（　　）。

    A. 赶集网   B. 鲁文建筑网   C. 店长直聘   D. 慧聪网

（9）网络推广行业的职业培养目标有（　　）。

    A. 个人素质目标   B. 知识目标   C. 技能目标   D. 运营目标

（10）运营推广类职位要求求职者能够熟练使用即时通信工具和社交媒体开展营销活动，如（　　）等工具。

    A. QQ   B. 微博   C. 阿里旺旺   D. 微信

3. 简述题

（1）简述网络推广的定义。

（2）结合网络招聘信息，总结"网络运营推广类"的任职条件。

（3）简述电子商务专业毕业生从事网络推广行业工作应该具备的职业素养。

4. 趣味挑战题

为了锻炼同学们的职业技能，提高就业时基础竞争力，组织学生参加趣味打字比赛，进行"指尖上的较量"打字 PK 活动。

项目 2
新品面市——头条推广战

【项目综述】

A 公司近期棉麻系列的春装产品将上市，公司准备从实体和网络两方面进行大力推广。

艾米应聘到了该公司，在林部长的带领下准备在资讯类平台进行新品推广。艾米认为新产品市场需求量大，提出了使用今日头条进行推广，并得到了林部长的认可。艾米团队接受了公司在今日头条推广的任务，并跟进公司新推出的一批棉麻系列春装推广活动。

在这次今日头条网络推广活动中，艾米收获很多，掌握了头条推广战的一些技巧，了解了今日头条的概念、特点和账号设置的方法，学到了如何使用今日头条吸引粉丝以及进行推广的方法，学会了如何发布微头条和今日头条文章，同时也掌握了今日头条推广效果评估的方法。艾米在这次推广活动中表现出色，得到了林部长的好评。

【项目目标】

知识目标

通过本项目的学习,应达到的具体目标如下:

◇了解今日头条的概念、特点。

◇掌握创建今日头条的方法和设置今日头条账号规则。

◇了解数据效果指标。

◇理解今日头条推广机制。

能力目标

◇能够创建个人和企业今日头条账号。

◇能够发布微头条以及今日头条文章。

◇能够读懂今日头条后台数据。

◇能够根据效果数据进行推广分析。

素质目标

◇培养学生爱岗敬业、诚实守信的良好职业素养。

◇培养学生踏实肯干的劳动精神、爱岗敬业的职业品格、严谨细致的工匠精神。

◇培养学生的团队合作精神。

◇培养学生敏锐的推广嗅觉和创新能力。

【项目思维导图】

```
                                      ┌─ 任务1  创建账号和吸引粉丝 ─┬─ 活动1  创建和设置今日头条账号
                                      │                          └─ 活动2  吸引粉丝
                                      │
项目2 新品面市——头条推广战 ────────────┼─ 任务2  发布今日头条及推广新品 ─┬─ 活动1  创作微头条和今日头条文章
                                      │                              └─ 活动2  发布和推广今日头条新品
                                      │
                                      └─ 任务3  查看数据及评估效果 ─┬─ 活动1  查看数据指标
                                                                 └─ 活动2  分析优化
```

任务 1 »»»»»»»»
创建账号和吸引粉丝

情境设计

林部长就新品推广方案进行部署，会议上要求大家畅所欲言，将自己认为可行的方案提出来讨论。艾米提出，新产品棉麻春装市场需求大，可以考虑利用今日头条进行推广。她了解到，我国目前约有 60％的智能手机用户安装了今日头条 App，拥有日均 1.2 亿的日活用户，20亿+的日均阅读量，1.8 亿+月活用户量，在资讯类产品中排名领先，和 3 700 多家媒体达成合作，经讨论后，艾米负责为公司创建账号，吸引粉丝。艾米高兴地开展了工作。

任务分解

今日头条在新闻资讯类资讯市场处于领先地位，艾米了解到今日头条具有平台流量大、易申请、推广效果比较精准等优点。她知道自己是新手，听取前辈的意见并搜集了很多关于今日头条账户创建和吸引粉丝运营的资料。本任务可以分为两个活动：①创建和设置今日头条账号；②吸引粉丝。

活动 1 创建和设置今日头条账号

活动背景

今日头条推广的第一步是要先有今日头条账号，注册今日头条号可以发表长图文、视频，可以享受更多功能和推广权益；注册后需要熟悉账号权限和规则，设置账号，避免踩到审核红线。艾米接下来进行今日头条创建和设置的工作。

?? 想一想

如何注册并登录今日头条账号呢？

□ 知识窗

1. 头条的个人账号和企业账号的区别

(1)提交认证信息不同

申请"媒体""企业"等类型,需要营业执照(或组织机构代码证)、授权书等机构资质信息;而个人账号只要身份证即可。

(2)官方活动参与权限不同

企业的头条账号不能参加"千人万元"计划,而个人头条账号是可以参加的。

(3)收益提现条件不同

企业头条账号收益达到 5 000 元才能申请提现,个人头条账号达到 100 元就可以提现。

(4)可管理账号数量不同

个人注册头条账号数量为一个,企业注册头条账号数量上限为两个。

2. 今日头条账号头像设置要遵循的原则

(1)体现用户职业特点;

(2)与创作者的名字有链接性;

(3)用户头像主题要鲜明;

(4)设计简单;

(5)不要用一些花花草草、卡通、明星图片或者清晰度不高的图片。

活动实施

注册并登录今日头条,进行个人和企业账号的创建和设置。

步骤 1:分别进行手机端和 PC 端注册登录,并进行个人头条账号认证。

注册登录方式有两种:一种是在手机端下载并安装今日头条 App(图 2.1.1),另一种是 PC 端直接搜索今日头条官网或者输入头条号官网网址,都可以进行注册、登录(图 2.1.2)。

注册、登录完成之后,需要进一步认证成为创作者,就要进行头条号认证。首先进入右上角"创作平台",选择"头条认证",然后上传身份证的正反面,完善相关职业、兴趣等资料,即可完成头条号认证。一个手机号只能绑定一个头条号。

另外,如需申请企业账号,需要提交营业执照、身份证号、确认书扫描件以及运营者身份证照片等。注册流程:登录头条号官方网站→开启认证(图 2.1.3)→资料填写→支付审核费用→支付完成→审核中/确认付款中(提交后两个工作日完成资质审核,在审核过程中将由第三方审核公司向运营人预留手机号码致电,核实信息)。资质无误,两个工作日开通认证。企业类最多可以注册两个头条号,如果第一个账号被封禁,则不支持再继续注册新账号。

图 2.1.1 搜索今日头条 App

图 2.1.2　PC 端直接登录

图 2.1.3　企业认证步骤

步骤 2：设置个人今日头条账号。

新注册的今日头条账号，完成系统引导步骤之后，还需要经过一系列的设置（图 2.1.4），个人账号与企业账号设置栏目一样。 账号形象和定位需要清晰，才能更加精准地吸引粉丝，为后续的推广工作做好铺垫。

图 2.1.4　完成系列设置

（1）用户名和头像设置。头像可以设置为模特/自己穿上本次推广的新品服装，公司账号可以设置为企业 Logo。用户名设置尽量不要使用头条号分配的一串数字，不利于用户记住账号，不利于推广，因此，艾米使用公司名+个人姓名作为昵称，企业账号使用公司名作为昵称。

（2）编辑用户简介。介绍该账号的领域和发布兴趣点，艾米根据公司推广的产品特点，结合服装搭配技巧编辑用户简介为：专注舒适棉麻系列服装穿搭和日常分享（图2.1.5）。企业账户可以编辑为：本公司主要经营棉麻服装类目。

图 2.1.5　编辑用户简介

（3）兴趣认证设置。达成系统设定的要求之后，艾米申请兴趣认证，有针对性地进行账号经营管理（图2.1.6）。

图 2.1.6　兴趣认证设置

（4）发布设置。当完成上述基本设置，艾米发现今日头条提供集文章、视频、微头条、问答、音频的发布与互动功能。在发布设置时，用户可以根据自身需求结合多项功能同时使用，并依照具体情况设置公开权限，最后单击"发布"按钮（图2.1.7）。

（5）发布内容设置。平台管理规则：为了长期在平台获得良好的发展，发布内容要注意了解规范，避开红线。平台对低质内容（如不合法、低俗、标题党、虚假、违规推广和侵权等）会打压抵制，因此，在平台要发布合法合规、优质正能量的内容。

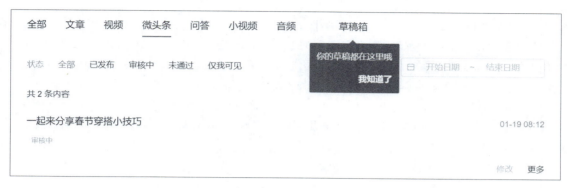

图 2.1.7　发布设置

活动评价

　　这次活动结束了，艾米等人也成功地创建和设置了头条账号。通过这次实践，艾米等人觉得需要好好地提升自己的数据分析能力和营销推广敏锐性，才能更加游刃有余地处理接下来的挑战。

了解头条认证体系

活动2　吸引粉丝

活动背景

　　今日头条账号创建后，艾米等人对账号进行日常管理，最关键的是提高头条账号粉丝数量，需要多与粉丝进行互动，提高用户黏性，争取让更多的用户了解公司和推广的新品。持续吸引粉丝是接下来需要挑战的一关。

?? 想一想

　　有哪些方式可以快速"涨粉"呢？

□ 知识窗

　　1. 今日头条推广优势

　　（1）流量资源多

　　据统计，今日头条目前用户已达 8 亿左右，用户越多，今日头条浏览量也就越高，所以说今日头条是流量王也不为过。用户数量多，平台需求也多，所以流量多，用户浏览量大，广告效果好，吸引粉丝的用户数量也会较多。

　　（2）精准推送

　　今日头条推广是十分精准的，因为它能够根据用户的历史浏览轨迹，对不同的用户进行内容输送，根据用户感兴趣的、喜欢的内容进行推送，流量获取更精确。同时当用户输入关键词进行搜索时，系统自动拆分出有价值的商业词汇，自动匹配上广告，使得广告内容更加吸引用户。

（3）用户精准化

由于今日头条的流量体系是发布文章先给一部分流量，如果感兴趣的用户多，流量多，那么就会继续推送给更多用户。同时，头条还会为每个用户以及文章打上标签，然后根据标签进行精准推送。所以今日头条的用户是非常精准化的，用户喜欢看什么类型的内容，头条就会经常推送同类的内容。同时头条还可根据用户的历史浏览情况，从视频、直播、图文等多种场景载体多角度分析用户类型，再根据算法分析最优的推广类型，帮助优化广告，帮助广告主们获取更加精确的网络流量。

2.提高头条内容质量需要把握的原则

①内容原创；

②图文优质；

③格式规范；

④无违规内容；

⑤有信息增量；

⑥人格化。

活动实施

艾米完成今日头条账号设置后，利用快速涨粉的技巧，通过一系列操作，吸引了不少粉丝。

步骤1：查看粉丝数据，通过粉丝像来了解用户，才能有针对性地创作出符合粉丝胃口的内容。登录头条号后台，选择右方头像下的"创作平台"，查看粉丝数据，可看到粉丝特征和地域分布（图2.1.8、图2.1.9）。

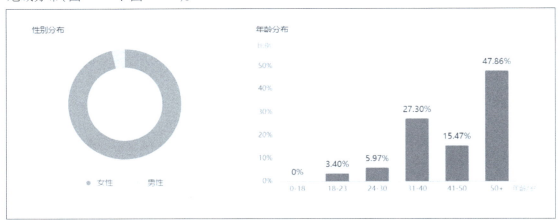

图2.1.8　粉丝特征

步骤2：及时回复粉丝的评论和私信，做好良性互动。艾米以接地气的方式把自己的知识见解、观点分享给其他用户。对读者的评论，无论是鼓励还是良性的批评，都虚心接受，不与用户打嘴仗。

步骤3：使用头条抽奖功能。加入创作者计划，头条和西瓜粉丝数大于一万，在微头条后台可以开通抽奖功能，发起抽奖活动，提升老粉的黏性，吸引新粉丝，这样能够快速涨粉，完成团队预期目标。

步骤4：回馈用户。艾米运用奖品回馈支持自己的用户，增强粉丝的黏性，增进用户的感情。

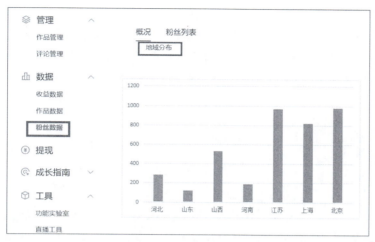

图 2.1.9　粉丝地域分布

活动评价

艾米学习快速涨粉的操作技巧之后，在整合公司内部推广资源的同时，还通过各种途径积极挖掘外部推广资源，账号的粉丝量也快速提升，艾米团队得到公司领导的认可与表扬。

任务 2 »»»»»»»
发布今日头条及推广新品

情境设计

前期艾米创建了个人和公司的今日头条账户，积极邀请客户关注，效果还不错。公司为了进一步巩固推广成果，结合近期即将开展的女装推广活动，进一步扩大品牌影响力，建立品牌形象，决定让艾米在今日头条创作中心发布头条，推广新品。由于个人账号可以参加"千人万元"活动，她用个人账号作为推广阵地。

任务分解

在今日头条信息流推广中，能够精准实现广告投放千人千面，让企业更好地触达目标客户，黄金曝光点位，满足客户个性化推广需求。那么，今日头条具体怎么做推广呢？今日头条推广主要分为免费和付费两种方式。免费的推广方法主要是定期更新用户需求的内容，利用今日头条信息流+搜索优势，吸引用户的关注，沉淀粉丝；付费推广以投放广告收费为主。公司初步计划用免费推广方式进行新品推广，吸引粉丝，沉淀客户，增加客户黏性，艾米团队决定采用定期更新今日头条文章和发布微头条、视频的方式进行推广。本任务分为两个活动：①创作微头条和今日头条文章；②发布和推广今日头条新品。

活动 1 创作微头条和今日头条文章

活动背景

通过前期的今日头条注册认证和设置，艾米熟悉了今日头条的各项功能，为了能让新品顺利推广，增加新老顾客的关注度，选择合适的推广策略显得尤为重要。根据后台粉丝画像和新品特点，艾米团队决定采用定期更新文章和创作微头条的方式进行推广。

?? 想一想

今日头条的推广渠道有哪些？请举例说明。

□ 知识窗

1. 微头条

微头条是今日头条社交媒体产品，是粉丝经济的主要体现。用户可以通过微头条发布短内容、与人互动，从而建立关系、获得粉丝。微头条的账号与头条号相互打通，为创作者提供与粉丝高频互动交流的平台，让头条号文章触达粉丝的概率更高。在人工智能推荐的基础上，增加了社交分发的机制。

2. 微头条和今日头条的区别

(1)微头条是今日头条旗下的产品，是今日头条面向所有用户推出的短内容发布工具。人们可通过微头条把身边有趣的新鲜事随时随地发布。微头条在社交互动方面做得比今日头条更精细。

(2)今日头条是更广泛(范围更大)的一款信息推荐产品，是基于用户的关注点而进行数据挖掘的推荐引擎产品。

活动实施

步骤1：点击进入今日头条的创作平台。

登录今日头条网页版，进入今日头条号创作平台，有发布文章、视频、微头条、问答、音频的功能(图2.2.1)。

图 2.2.1 创作中心

步骤 2：点击微头条，进行微头条创作（图 2.2.2）。一段内容配上 1～9 张不等的图片，就可以发布微头条了。文字内容可以是个人想法、话题讨论、日常生活分享等，篇幅短小，可以快速吸引读者阅读，引发交流。

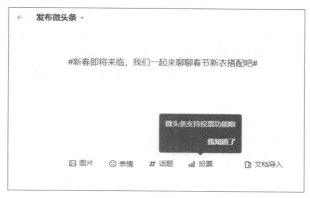

图 2.2.2　创作微头条

对于即将到来的新春佳节，艾米团队决定采用话题讨论的方式来进行微头条发布。

步骤 3：撰写完微头条后，检查错别字并上传图片。

上传的图片要与内容有联系。如果讨论的话题是春节的服装穿搭，那么根据新品推广进行穿搭拍照并上传（图 2.2.3）。

图 2.2.3　发布微头条

活动评价

艾米创作了微头条，也写了一篇关于穿搭技巧的头条文章，颇有成就感。同时，也了解了创作的方法。接下来，她还要继续学习头条文章和微头条的发布和推广。

活动2 发布和推广今日头条新品

活动背景

通过前期的创作微头条和今日头条文章,今日头条账号也有了不错的粉丝数,此时,新品发布和推广显得尤为重要。今日头条的发布对于艾米来说相对容易,目前需要挑战的是使用微头条和今日头条文章推广新品,艾米团队正在研究今日头条的推广机制和方法。

?? 想一想

付费和免费推广方法有哪些?

□ 知识窗

1.今日头条免费推广方法

免费的推广方法主要是定期更新用户需求的内容,利用今日头条信息流+搜索优势,吸引用户的关注,沉淀粉丝,免费推广方法主要有以下4种。

(1)定期更新文章

定期更新推广文章需要注意以下几个方面:

①持续发布原创软文。用一个好的标题吸引眼球,一篇好文章是拒绝抄袭,坚持原创。

②关键词前置突出。文章的关键词要尽量前置突出,同时多挖掘相关关键词,让标题、内容都有相关关键词出现,这样得到推荐的可能性更大。

③图文吸引力。单纯的文字会让人看得枯燥,图文并茂的文章会更有吸引力。

④利用热点吸引用户。学会利用热点,比如利用近期较火的影视作品、热点资讯等,这样能引入一些流量。

(2)评论引流

评论互动能增加用户黏性,所以除了发表有特色的原创软文,还要注意及时互动,做好评论引流,提高曝光率。

(3)问答引流

利用悟空问答里的热点问题,进行回答做好卖点,这样能吸引更多用户的关注。

(4)视频引流

视频是用户最能接受信息的方式之一,视频传播能引导消费者思维,从视觉、听觉两方面去直接引导,用户也能接受更多的宣传信息。

2.今日头条付费推广方法

今日头条付费推广方式有主要有如下几种:

(1)CPC点击计费

按点击收费,即一次购买若干次广告次数,按照点击消耗的次数进行收费、推广。这种推广方法的缺点是成本高,且不精准,效果无法保障。

（2）OCPC 优化出价

OCPC 是 Optimized Cost Per Click 的缩写，即优化点付费，本质还是按照 CPC 付费。采用更科学的转化率预估机制的准确性，可帮助广告主在获取更多优质流量的同时提高转化完成率。

（3）CPA 转化计费

广告主设定一个转化目标出价，转化一个目标就消费一个 CPA，这个推广方法较好，但是和具体投放方案有关。

（4）CPM 展示计费

CPM 展示计费是指每千人成本。只要展示了你的投放广告内容，你就要为此付费。

活动实施

步骤 1：登录今日头条账号，进入创作中心。

（1）点击文章功能，输入文章标题。

（2）撰写头条文章。

（3）上传相关图片或视频。

（4）预览确认发布（图 2.2.4）。

图 2.2.4　预览文章

在编写文章时，应注意几点小技巧：

①善用发文工具；

②注意字数提醒，标题控制在30字以内，精练文章主题，正文不宜长篇大论，太长的内容可以分篇发表；

③注意图文并茂，可以手动上传自己拍摄的新品图片或相关图片，不要上传模糊图片，会影响阅读体验感；

④及时保存草稿；

⑤在发表内容前预览一下，从正文结构，行文配图等方面对内容进行优化，提升整体的可读性；

⑥灵活使用定时发布功能，可以让账号保持持续输出，培养用户阅读习惯；

⑦发文设置部分要谨慎操作，看清各选项，是否要申明原创、投放广告等。

另外，艾米也掌握了微头条发布的注意事项：

①文章内容与自己的领域相契合；

②字数不能太少，要能够完整地表达出观点或者描述事件；

③最好配合一些与内容相符合的图片以及短视频；

④可以添加一些与内容相关的热点关键词。

步骤2：查找并分享作品。发布完微头条或者今日头条文章之后，进入创作平台，点击作品管理，找到发布的头条文章或者微头条等作品（图2.2.5）。点击对应的作品，左边有分享、点赞、评论等按钮可进行不同平台分享及交流。

春季新品第⑦波　　　　　　　　　　　　　　　　　　01-05 15:48

已发布　　多标题　│　[AD]

展现 2.5万 · 阅读 1590 · 点赞 9 · 评论 0　　　　　　查看数据　　查看评论　　修发　　更多

图 2.2.5　查找发布作品

步骤3：艾米团队把发布的作品链接转发到不同的平台，如微信、微博、QQ、抖音等（图2.2.6）。今日头条会把发布的微头条或者今日头条文章推荐给相关用户查阅。推荐的机制是：从一个巨大的内容池里，给当前用户匹配出最感兴趣的几篇文章，这个内容池有几十万、上百万的内容，涵盖文章、图片、小视频、问答等各类体裁。在给用户匹配内容时，主要依据3个要素：内容、用户、用户对内容的感兴趣程度。

同时，平台提取文章中的关键词或者利用 AI 技术识别音频与视频的具体内容，从而将内容快速分类，如美食类、美妆类、健康类、体育类等。平台从很多角度去刻画用户画像，如年龄、性别、浏览记录等，从而推荐用户感兴趣的内容。

另外，判断用户是否"感兴趣"一般从用户"动作"来了解，当用户刷出几十篇文章的时候，如果用户对某篇文章感兴趣，他会点击阅读、收藏、评论、转发、关注等。根据推荐原理，发文时要注意分析用户画像，从多方面抓取关键词，利用今日头条的机制有针对性地发布文章。

图 2.2.6　邀请分享发布

活动评价

　　艾米在今日头条自媒体平台上发文章，了解到今日头条实行的是自动推荐的机制，这样可把文章推送给有兴趣的用户，推广文章可以被更多人看到，从而也就增加了账号的阅读量和曝光量，今日头条文章也就会得到推广。艾米在发布今日头条文章和微头条的同时注意新媒体软文和今日头条的审核规则并学习推广机制，确保推广成效。

了解头条内容审核红线

任务 3 ⟫⟫⟫⟫⟫⟫⟫⟫
查看数据及评估效果

情境设计

　　A 公司计划进行新春促销活动，前期采用发布今日头条文章和微头条的推广策略，需要对推广效果进行评估，以便于公司对这段时间头条推广业务情况进行全面地了解和复盘。艾米团队关注每一篇头条文章和微头条的点击率和浏览率等效果指标，并做好记录。艾米团队和林部长一起查看了推广数据。

任务分解

　　根据公司林部长的工作要求，查看了今日头条数据，分析推广效果。本次任务分为两个活动：①查看数据指标；②分析优化。

活动 1　查看数据指标

活动背景

　　为了能在"新春促销活动"期间达到促进销售、提升业绩、增加收益的目的，公司加大宣传力度，艾米负责完成此次促销活动后，需要查看相关数据指标，进行评估复盘。

?? 想一想

互动数据具体包含哪些？

□ 知识窗

今日头条效果评估数据指标含义。

（1）展现数据

①展示数：广告展示数。

②点击数：广告点击数。

③点击率：点击数/展示数×100%。

④平均点击单价：总花费/点击数。

⑤平均千次展现费用：点击率×出价×1 000。

⑥总花费：广告投放消耗额。

（2）互动数据

①收藏数：该广告被用户收藏的总次数。

②评论数：该广告收到的总评论数。

③转发数：该广告被转发的转发总数。

活动实施

步骤1：查看数据。进入创作平台右边的"数据中的作品数据"，选择整体，即可看到整体的数据对比以及流量分析（图2.3.1）。

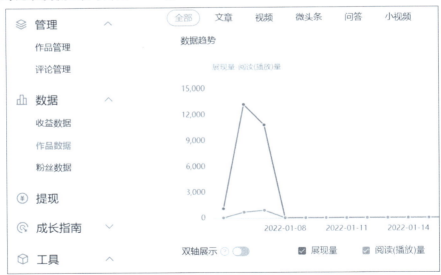

图2.3.1　整体数据

步骤2：查看所发布的作品，作品下方有展现量、阅读量、点赞和评论数据。展现量是销售的基础前提，流量是展现和点击的结果，先展现，后点击，才有流量（图2.3.2）。

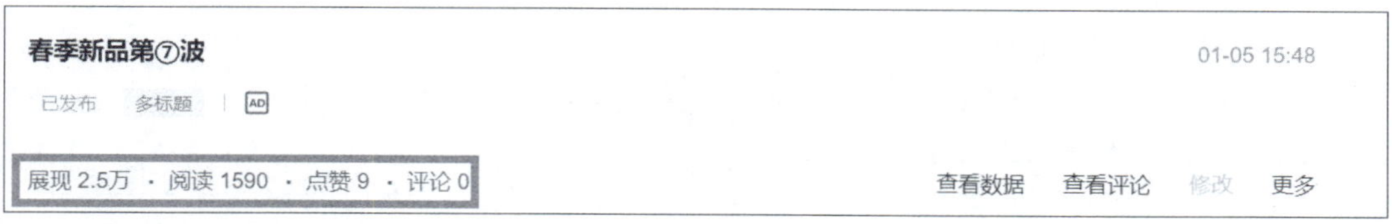

春季新品第⑦波

01-05 15:48

已发布　多标题　│　AD

展现 2.5 万　·　阅读 1590　·　点赞 9　·　评论 0

查看数据　　查看评论　　修改　　更多

图 2.3.2　查看第一天数据

步骤 3：点击作品右边的查看数据，看到详细的推广效果数据，具体数据指标有展现量、阅读量、点击率、粉丝变化、互动情况、用户画像分析等，这些数据是衡量推广效果好坏的依据。

艾米团队经过三天时间的推广，展示量为 37 384，阅读量为 31 348，点击率为 4.2%，平均阅读完成率为 80.2%，粉丝变化数为 40。用户性别女性较多，年龄分布为 31—40 岁占比较高。评论数为 20，点赞数为 24，转发数为 10，分享数为 20，收藏数为 24，此互动数据说明在加强粉丝互动方面还需加强。

活动评价

林部长认为在新春新品推广活动中，艾米等人的今日头条运营效果还是很明显的：头条账号无论从整体的关注数、粉丝数、阅读数，还是评论数、转发数、收藏数都有了不错的增长。这对于初期运营来说，推广基本上达到了项目设定的效果，也为后期的复盘分析打下基础。

活动 2　分析优化

活动背景

"新春促销活动"结束后，艾米团队做完了数据分析，发现增长不错，但还是需要有针对性地进行效果分析优化，为日常的运营做好复盘改进。

?? 想一想

如何针对数据进行优化分析呢？

□ 知识窗

今日头条号上，如何把精准用户留住，就需要进行相应的优化。

（1）坚持首创，输出高质量内容

用户对高质量内容的渴求是永远不会变的，提升内容创作的才能，坚持首创有价值的内容，保持稳定且有质量的内容更新，为用户提供高质量有价值的内容，这样系统也会保持较高的推荐。

（2）关键词的安插

关键词是网站得到吸引力的核心所在，访客往往是通过关键词进入网站，能够让访客得到满足的就是对于关键词的安插，需要保持一定的密度，一般达到三个左右的数量即可，保证吸引到访客注意力。

（3）把握用户画像，留住访客

访客根据自己感兴趣的内容进行点击阅读，所以，要留住访客，就得根据用户画像生产用户感兴趣的内容，互动也要及时。

活动实施

步骤1：分析推广数据。为了保证营销效果，对推广数据进行分析，头条文章发布当天下午数据展现量13 211，但阅读量不高，说明发布的内容关键词不错，但内容的吸引力不够，需优化内容（图2.3.3）。

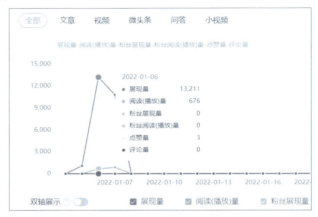

图 2.3.3　流量分析指标

步骤2：分析粉丝变化数据。艾米发现粉丝变化数量不大，阅读转粉率20%不高，还有掉粉数量为2，意识到用户画像和互动效果还有提升的空间，他们觉得，可通过分析用户画像的性别、年龄、地域等信息进行问答或者发布话题进行互动，提高互动数据。

步骤3：分析互动数据。互动区的评论、点赞、转发、分享、收藏数都还有提升的空间：评估数20，点赞数24，转发数10，分享数20，收藏数24。后续可以安排人员进行互动，及时回复用户评论，多发布一些互动话题，提高用户参与度等。

项目总结

今日头条为受众提供了一个分享、交流互动的平台，重视产品和用户之间的互动过程。它在界面设置上体现出注重互动的特点，如收藏、点赞、阅读、评论、加入活动等功能。在微头条这一栏目中，用户可以发布图文信息、上传视频、问答，这也是今日头条互动性的明显体现。艾米团队理解了今日头条的推广特点和发布渠道，掌握了今日头条规则和发布流程，掌握了创立和设置头条账号、发布微头条和头条文章以及评价推广数据效果及优化等技能。今日头条推广是目前比较流行的推广方法之一，在互联网时代，很有必要掌握今日头条推广营销技能。

用户画像案例

素养提升

同学们在今日头条推广新品以及查看统计数据应注意遵循《互联网广告法》。

该法第十六条规定，互联网广告活动中不得有下列行为：

（一）提供或利用应用程序、硬件等对他人正当经营的广告采取拦截、过滤、覆盖、快进等限制措施；

（二）利用网络通路、网络设备、应用程序等破坏正常广告数据传输，篡改或者遮挡他人正常经营的广告，擅自加载广告；

（三）利用虚假的统计数据、传播效果或互联网媒介价值，诱导错误报价，谋取不正当利益或损害他人利益。

因此，在实际工作中，我们应遵守《互联网广告法》及相关法律法规，做一名诚信守法有素养的电商行业从业者。

要点回顾

活动评价

艾米团队懂得如何查看数据并进行数据的分析优化，他们做事细致，考虑周全，顺利完成本次今日头条推广任务，并且经过数据的解读分析，集思广益进行优化，复盘改进，工作能力得到显著提升。

项目实训

实训背景：现有一家知名水果店——A果园，新推出两种产品，分别是当季冰糖梨以及扶持乡村振兴的"网红"丑苹果。经理想趁宣传新产品的同时提高水果店的知名度，于是要求销售部大力推广，如果你是销售部负责人，请提供一份可行的今日头条推广方案。

实训任务描述及任务分工：

第1小组：使用今日头条推广策略制作推广方案。

第2小组：编写头条推广材料。

第3小组：发布今日头条文章或者微头条、视频等，把过程截图下来，并对推广效果进行评估。

实训评价：

实训评价表

指标 组别	是否完成 （10分）	完成质量 （25分）	完成时间 （5分）	团队合作 （10分）	汇报情况 （50分）	得分
第1小组						
第2小组						
第3小组						
第4小组						

项目检测

1. 单项选择题

（1）头条号是今日头条旗下开放的（　　）平台，实现政府部门、媒体、企业、个人等内容创作者与用户之间的智能连接。

　　A. 内容创作与分发　　　B. 智能工具平台　　　C. 智能服务平台　　　D. 视频平台

（2）信息流图文广告是一种穿插式广告，可以做到样式高度原生，下列不属于今日头条信息流广告图文样式的是（　　）。

A. 小图   B. 组图   C. 拼图   D. 大图

(3) 今日头条信息流竞价广告中，广告排序的核心依据是( )。

     A. 出价   B. 预估点击率   C. 预估转化率   D. eCPM

(4) OCPM 的计价模式是( )。

     A. 点击收费   B. 展示收费   C. 转化收费   D. 固定价格收费

(5) 关于分 App 出价，下列说法错误的是( )。

     A. 分 App 出价是效率工具

     B. 可实现一个计划同时投放多个 App 流量

     C. 可以分 App 设置和调整出价

     D. 对后端 roi 没有帮助

(6) 以下不属于监控工具监控的范围是( )。

     A. 消耗增减   B. 成本增减   C. 潜力计划   D. 优秀创意

(7) 以下不属于用户画像静态信息的是( )。

     A. 性别   B. 年龄   C. 地域   D. 浏览行为

(8) 某日新增粉丝数 80，掉粉 3，则粉丝变化数为( )。

     A. 83   B. 77   C. 70   D. 76

(9) 企业头条号最多可以申请( )个。

     A. 4   B. 3   C. 2   D. 1

(10) 以下属于今日头条推广收费的是( )。

     A. 定期更新文章   B. 评论引流   C. 问答引流   D. CPM 展示计费

2. 多项选择题

(1) 今日头条的推广途径有哪些？( )

     A. 文章   B. 视频   C. 微头条   D. 问答

(2) 今日头条可以分享到哪些平台？( )

     A. 微信   B. 微博   C. QQ 空间   D. 以上都可以

(3) 今日头条免费推广方法有( )。

     A. 问答引流   B. 文章引流   C. 视频引流   D. 评论引流

(4) 今日头条付费推广方法有( )。

     A. CPC 点击计费   B. OCPC 优化出价   C. CPA 转化计费   D. CPM 点击计费

(5) 今日头条发布效果评估指标有( )。

     A. 国际化   B. 展现量   C. 浏览率   D. 点击率

(6) 今日头条发布推广计费有( )。

     A. OCPC 优化出价   B. CPC 点击计费   C. 视频引流   D. 评论引流

(7) 定期更新文章要注意( )。

     A. 持续发布原创软文   B. 关键词前置突出   C. 随时可以发布   D. 隔一段时间发布

(8) 以下属于用户画像静态信息的是( )。

     A. 性别   B. 年龄   C. 地域   D. 浏览行为

(9) 今日头条数据包括( )。

     A. 收益数据   B. 作品数据   C. 粉丝数据   D. 以上都有

（10）今日头条互动功能包括(　　　)等。

    A. 收藏   B. 点赞   C. 评论   D. 加入活动

3. 简述题

（1）用户画像的概念，你能举例说明吗？

（2）简述推广效果数据分析的指标。

（3）简述今日头条的推广方式。

4. 趣味挑战题

请为"三只松鼠坚果新春年货系列"写一篇今日头条推广文章。

项目 3
产品推广——论坛口碑战

【项目综述】

小曾、小何、小陈等30位同学是电子商务专业的学生,这次进入源本科技有限公司(虚拟公司)运营部进行校内实习,目前跟着李主管刚刚熟悉了公司的产品,现在接到公司的任务,要求在李主管的带领下,使用论坛推广的形式对公司的产品银纱线抗菌防臭袜进行推广。

在推广期间,小曾等人学到了使用论坛进行推广商品的方法,了解了论坛的概念、特点和分类,分析了大量论坛帖子,了解到不同形式的帖子在论坛起的作用和分类,学会了注册账号,能够熟练地回复和发布帖子。在实习期间,小曾等人提出多个有建设性的建议并被公司采纳,实习结束,运营部给予他们"优"的评定,并与小曾等人预签明年的工作合同。小曾等人感觉收获巨大,对前途充满信心。

【项目目标】

知识目标

通过本项目的学习,应达到的具体目标如下:

◇理解论坛的概念、特点和类型。

◇了解帖子的作用和分类。

能力目标

◇能够在论坛注册账号。

◇能够登录论坛并维护论坛账号。

◇能够熟练转载评论帖子。

◇能够有针对性地撰写帖子。

◇能够熟练发布帖子。

素质目标

◇培养团结、协作的团队意识

◇培养灵敏的网络推广意识,具有探究精神

◇培养创新能力、文字描述能力

◇培养学生对课程的兴趣,激发学生学习的热情

◇培养遵纪守法,爱岗敬业的优良品德

【项目思维导图】

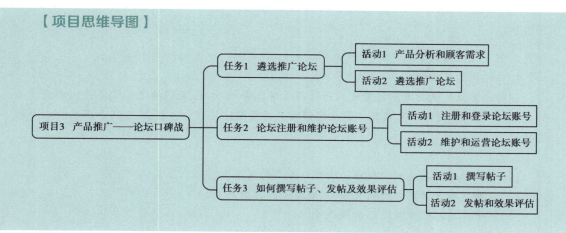

任务 1 »»»»»»»
遴选推广论坛

情境设计

周一例会，小曾、小何等人一起参加了部门会议，李主管说，今年公司的银纱线抗菌防臭袜上市，公司要加强网上推广力度，要求运营部策划推广方案。会议上大家热烈讨论采用哪种推广方式比较合适，每个人都提出了自己的看法。小曾提出网上袜子消费者年龄为16—45岁，是论坛的常客，使用论坛推广袜子估计会有比较好的效果。小曾等人的建议被采纳，李主管安排小曾负责这次论坛推广的任务，小何、小陈等人成为小曾的助手，大家很快开始了工作。

任务分解

论坛推广是企业网络推广的一种主要方式，要做好论坛推广，首先要选择好与自己产品相关的论坛。为了完成本次推广任务，小曾和同学们多次讨论，也请教了李主管，将选择推广的论坛方案要点列了出来。本次任务分为两个活动：①了解产品和顾客；②遴选推广论坛。

活动 1 产品分析和顾客需求

活动背景

袜子品种规格多样,消费者的需求喜好也是多样的,小曾等人决定首先要找到适合网上消费者的产品卖点。

?? 想一想

小曾等人会从哪里寻找适合网上消费者的产品卖点呢?

□ 知识窗

如何寻找产品的卖点?

1. 独特的卖点的概念

独特的卖点就是指吸引消费者购买产品或者服务的理由,我们必须通过差异化调查产品的卖点,所谓的独特的卖点实际上就是能够吸引买家眼球的独特的利益,也是产品的诉求点或者独特的卖点主张。

2. 卖点的三个特点:

(1)每则活动必须向顾客提出一个独一无二的主张(卖点)。

(2)这个主张必须有足够的促销力,能打动顾客购买。

(3)有长期传播的价值及品牌辨识度。

3. 提炼卖点的关键点

(1)找客户想要的。

(2)别人没有的——人无我有。

(3)比别人强的——人有我优。

(4)客户潜意识想要他自己还不知道的。

(5)自主品牌——品牌卖点是定位。

(6)渠道类网店——店铺卖点是定位。

(7)分销产品——挖掘产品卖点是定位。

活动实施

步骤1:产品资料收集。

首先要收集袜子行业的产品信息资料,并收集了一些网上对袜子销售的调查数据。

从图 3.1.1 2012—2020 年我国袜子产量走势中可以看到,2012 年袜子产量为 301 亿双,到 2020 年产量达到 395 亿双,每年定量递增,袜子产量在稳步提升中。

图 3.1.1 2012—2020 年我国袜子产量走势(单位:亿双)

步骤 2：产品资料分析。

从人均消费量来看，我国袜子人均消费量较为稳定（维持在 25 双左右），且与人口规模增速成正比；其人均消费量已经接近发达国家水平，继续向上增长的空间有限。未来在消费升级的背景下，各类型功能型袜子需求将日益增长，带动人均消费量重新增长。

由于袜子行业现在已处于饱和状态，且大部分为 OEM 企业，市场供给充足；此外，袜子行业是一个较为依赖出口的行业，因此前瞻产业研究院根据近年来袜子行业的供给发展，采用线性回归的方法预测 2026 年中国袜子行业市场供给约为 475 亿双（图 3.1.2）。

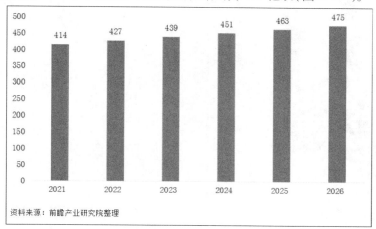

图 3.1.2　2021—2026 年中国袜子行业市场供给预测（单位：亿双）

通过袜子行业市场供给的预测，从 2021 年 414 亿双的供给，预测到 2026 年，可能会高达 475 亿双，市场前景乐观。

步骤 3：顾客分析。

在需求量方面，由于袜子对于男性几乎是每日都会穿戴的产品，因此在男性方面，2026 年中国袜子行业市场需求将会达到 222 亿双左右。在女性方面，丝袜（连体袜、瘦身美腿袜）仍旧是女性的挚爱单品，且经过前瞻产业研究院调研发现几乎每个女性都有意愿或已购买过这一单品。因此，前瞻预测 2026 年中国女性的袜子市场需求将达到 142 亿双左右。整体来看，2026 年中国袜子行业市场需求将达到 364 亿双左右。

从图 3.1.3 可以看到，男性袜子的市场需求占比要比女性袜子的市场需求占比更高，通过预测，到 2026 年，男女性袜子的市场需求达到 364 亿双，市场需求量大。

要了解顾客几个方面的问题，包括：顾客聚集在哪些论坛？ 顾客喜欢什么样的话题？ 喜欢以怎样的形式交流？ 顾客的共性需求是什么？ 我们能提供什么给顾客？

利用网上调查的数据分析，发现消费者对袜子的诉求体现在价格、购买目的、质量、促销方式上。消费者对质量要求高，对"抗菌防臭""健康"有诉求；个人喜好是主要的购买目的，其次是送给亲人；在促销手段上，买一送一是最有效的手段，其次是赠送礼品。

袜子消费者的购买目的主要是个人喜好，他们比较喜欢聚集在一些专题性论坛，讨论袜子的质量、种类、价格、如何选购等话题，顾客的共性需求是价格和质量。本公司提供的产品很适合顾客的需求，具有超强的抗菌防臭功能，质量保证，符合顾客追求健康的需求，可以作为卖点推广，产品定价中高档，符合袜子市场的发展趋势。李主管认同他们的分析，公司能提供

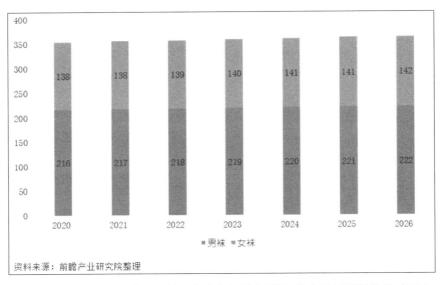

资料来源：前瞻产业研究院整理

图 3.1.3　2020—2026 年中国袜子行业市场需求（按细分产品）预测（单位：亿双）

符合需求的产品。

步骤 4：竞争者分析。

对竞争者的类似做法进行分析，可以从中看到竞争者的推广方式是否可行以及推广效果，好的可以借鉴他们的经验，差的就吸取教训。小曾分析了论坛里众多竞争者推广袜子的帖子，从帖子的形式、内容、回复、转载、评论、点击率等方面总结了竞争者的推广手法、效果以及可借鉴的经验。

图 3.1.4 是在豆瓣网搜索出的关于袜子（棉袜）的帖子截图，可以分析帖子的发布时间，回复数量和转载量。

图 3.1.4　豆瓣网关于袜子的帖子截图

活动评价

通过对产品、消费者、竞争者进行分析，深入了解了本公司产品的定位，对利用论坛推广有了初步的设想。李主管也认可了他们的想法。

活动2　遴选推广论坛

活动背景

> 不同的论坛聚集不同兴趣的网民，小曾等人决定要找目标顾客群集中的论坛进行推广。

?? 想一想

小曾等人怎样选择论坛？

▣ 知识窗

1. 论坛的类型

（1）按论坛的专业性分类：可分为综合性论坛和专题性论坛。综合性论坛的信息广泛，几乎可以吸引全部网民。专题性论坛的信息针对某一领域，吸引有共同需求或共同爱好的网民。

（2）按论坛的功能分类：可分为教学型论坛、推广型论坛和交流型论坛。教学型论坛的信息以传授和学习知识为主，网民在论坛进行技术性沟通和学习。推广型论坛的信息以推广企业产品和服务为主，网民以企业受雇佣人员和有需求的顾客为主。交流型论坛的信息以论坛会员交流互动为主，信息内容丰富，几乎可以吸引全部网民。

（3）按网民的区域分类：可分为全国性论坛和地方性论坛。全国性论坛的网民来自全国各地。地方性论坛的网民多数来自同一地域，真实感增强，比较受网民欢迎，互动性强。

2. 论坛的特点

（1）开放性：论坛话题具有开放性的特点，在人气超高的论坛，企业绝大多数的营销诉求都可以通过论坛传播得到有效的实现。

（2）传播性：专业的论坛帖子策划、撰写、发放、监测、汇报流程，在论坛空间提供高效传播，包括各种置顶帖、普通帖、连环帖、论战帖、多图帖、视频帖等。运用搜索引擎内容编辑技术，不仅使内容能在论坛上有好的表现，在主流搜索引擎上也能够快速寻找到发布的帖子。

（3）互动性：论坛活动具有强大的聚众能力，利用论坛作为平台举办各类踩楼、灌水、贴图、视频等活动，调动网友与品牌之间的互动。

（4）连锁性：通过设计网民感兴趣的活动，将客户的品牌、产品、活动内容植入传播内容，并展开持续的传播效应，引发新闻事件，可以导致传播的连锁反应，提升网民的品牌认知度。

（5）适用性：适用于商业企业的论坛营销分析，对长期网络投资项目组合应用，精确地预估未来企业投资回报率以及资本价值。

活动实施

步骤1：分析论坛，对论坛进行分类。

打开百度网站，搜索"论坛"关键词，出现"百度贴吧""天涯社区""豆瓣""知乎"等知名的综合性论坛，他们在这些论坛帖子中寻找与袜子有关的内容（图3.1.5）。

图 3.1.5　百度贴吧首页图

打开百度网站，搜索"论坛袜子"关键词，出现"中国袜子网"等网站，他们浏览了多个关于袜子的网站，发现有关袜子的供求信息很多，但是没有特定的论坛入口，在一些大型的社区网站上，关于袜子的讨论就有不少，如"贴吧""豆瓣"等（图 3.1.6）。

论坛的简介

图 3.1.6　豆瓣网袜子论坛截图

步骤 2：遴选推广论坛。

选哪些论坛来推广，综合性论坛人流量和访问量大而集中，利于推广企业和产品，专题性袜子论坛虽然集中了大量的袜子商家，但是只针对厂家相互的供求关系，而且没有专门的论坛入口，满足不了普通消费者的需求，最终以目标顾客群集中程度为主要选择标准，最后选择豆瓣网为推广的主阵地，得到李主管的认可。

活动评价

　　小曾等人如期完成任务，寻找到合适的论坛作为推广企业和产品形象的阵地，受到李主管的表扬。通过这次任务，小曾觉得自己对论坛的了解加深了，与同事的协作默契加强了，对论坛推广在电商发挥的作用体会深刻。

任务 2 »»»»»»»
论坛注册和维护论坛账号

情境设计

　　周一例会，小曾、小何等一起讨论下一阶段的工作，之前他们已经完成了遴选论坛的工作，选定"豆瓣网"和"百度贴吧"网站为推广的主阵地，现在要做的就是在论坛注册账号。小曾等人讨论后认为使用论坛推广需要注册多个账号，才能达到引导舆论的目的，最后决定组成一个推广小组，注册 10 个账号，小曾和小何等 10 人每人负责注册和管理 1 个账号，大家领了任务，决定尽快完成。

任务分解

　　为了完成本次注册任务，小曾和同学们多次讨论，也请教了李主管，将注册账号和管理账号的要求列出来。

　　注册论坛账号的主要要求：确定账号名称和填写要求，在论坛注册账号。管理账号的主要要求：定期维护账号。本次任务分为两个活动：①注册和登录论坛账号；②维护和运营论坛账号。

活动 1　注册和登录论坛账号

活动背景

　　行业中的袜子品种规格多样，小曾等人决定首先要找到适合网上消费者的产品卖点。

?? 想一想

　　小曾等人是怎样确定账号名称,怎样注册和维护账号的?

□ 知识窗

　　1.注册论坛
　　(1)使用邮箱注册,至少准备两个邮箱,防止账号被封,使用新邮箱重新注册。
　　(2)设置用户名和密码,用户名最好以个人的名字注册(不一定是你的真实名字,而是真实人名就行),也可以以你的业务关键词注册(例如你的网站名称、你的品牌名称、行业或者关键词等),原则是简单易记忆。

（3）一定要验证邮箱，经过邮箱验证的账号才能正常使用。

（4）如果注册时需要填写电话，最好绑定电话，增加账号的稳定性。

（5）如果注册时需要填写国家、地区等信息，保证你填写的国家和地址与你的电话号码区号一致。

（6）设置一个和谐的、引人注意的头像，避免选择色情或者具有争议性的头像。

2. 设置个人资料和签名

（1）在个人描述处设计精心的描述，如果人设是个人爱好者，那么个人描述应该描述为对这个行业的认识和经验，以及有过哪些突出的事例。人设还可以为小白、专家等。

（2）在个人资料处留下自己的详细联系信息，如电话、邮箱、whatsapp、line 等，如果可以，把自己的社交账号也列举出来，以便其他论坛用户在想了解有关你的业务时可以轻松地与你联系。

（3）你的网站可以放在个人签名中，格式可以是：简短描述（吸引人或者有诱导性）+链接。

活动实施

步骤1：确定账号名称。

要在论坛获得人们的认同，首先要得到信任或好感。可以在多个论坛做准备，每个论坛每个人注册一个 ID，名字要有个性和专业性，最起码要给人一个袜子爱好者的印象，以便推广使用。ID 的风格要各有不同，而且要注意不在同一地址和时段注册。

步骤2：注册豆瓣网账号。

小曾等人决定在豆瓣网上进行推广，要在不同的地址和时段注册 10 个 ID，注册的步骤如下：

（1）进入豆瓣网，单击"立即注册"，出现页面（图3.2.1）。

图3.2.1　注册页面

（2）出现注册页面，按照要求填好手机号和验证码，单击"登录豆瓣"。

（3）登录成功后，设置密码和账户名（图 3.2.2）。

（4）登录成功（图 3.2.3）。

步骤 3：了解论坛推广规则。

在注册后，认真阅读了论坛的用户协议和发布规则，主要包括了以下几点：

（1）论坛对新用户有什么限制？

（2）是否可以在签名中放置自己的网站链接和业务信息？

（3）是否可以在帖子中放置自己的网站链接？

（4）是否可以推广自己的业务，有什么条件？

（5）是否可以出于商业目的联系其他成员？

（6）判定垃圾邮件的标准有哪些？

图 3.2.2　设置密码和账户名

另外，可以查找有关网络言论的法律，《中华人民共和国刑法》第二百二十一条规定："捏造并散布虚伪事实，损害他人的商业信誉、商品声誉，给他人造成重大损失或者有其他严重情节的，处二年以下有期徒刑或者拘役，并处或者单处罚金。《中华人民共和国刑法》第二百四十六条规定，以暴力或者其他方法公然侮辱他人或者捏造事实诽谤他人，情节严重的，处三年以下有期徒刑、拘役、管制或者剥夺政治权利。

图 3.2.3　登录成功页面

小曾还详细了解了豆瓣网的社区指导原则（图 3.2.4）。

图 3.2.4　豆瓣网社区指导原则

活动评价

小曾等人在袜子论坛成功注册账号，并成功登录论坛。通过这次任务，小曾等人了解了使用论坛进行推广的规则，掌握了论坛注册和登录的技能，并如期完成任务，受到了李主管的好评。

活动2 维护和运营论坛账号

活动背景

小曾等人注册完账号后，不能马上发广告帖，要融入论坛，让人记住，要去混个脸熟，增强话语权。

?? 想一想

小曾等人要怎样才能在论坛里混个脸熟呢？

□ 知识窗

论坛维护的注意事项

(1)注册后要了解论坛规则以及会员权限，以利用规则更快得到积分，充分利用会员权限推广商品。

(2)注册后不要一开始就发广告，要尽量回复坛友的帖子，特别是"意见领袖"和版主、管理员的帖子，与坛友多加交流，尽快融入论坛。

(3)规划自己的形象，通过平时的回复、发帖树立形象，争取话语权，引导舆论，不要每次发帖都在做广告，帖子的主题可以多样化，但要热门、有争议。

活动实施

小曾等人要融入论坛，不能一开始就发广告，要做一些前期的铺垫工作，他们决定利用一周的时间，和版主及坛友互动，以混个脸熟。他们讨论后决定分阶段做以下几项工作：

一阶段是每个ID每天有针对性地回复坛友的帖子，让坛友熟悉你，通过与大家聊天，交流感情，提高好感度。

二阶段是每个ID每天转载有内涵的帖子，并进行针对性评论，帮助坛友进行传播，有需要帮助的，就利用专业知识解答问题，塑造热心、专业的形象。

三阶段是要培养精品帖，可以结合热点新闻、娱乐题材等制造话题，能引发争议最好。

论坛是流量很大的资源，是行业精准用户的聚集地，如果我们能在论坛里成功营销我们的品牌，那么大量免费的精确的流量将源源不断涌过来。

小曾等人通过学习，查找相关资料，制订了如何维护和运营论坛账号的几大步骤：

步骤1：找到袜子的行业论坛。

使用行业关键词"袜子+论坛"，或者行业特定的关键词在百度里进行搜索，把可以整理出来的论坛全部整理出来，在已经加入的社区中查询和询问类似论坛，查找和已知论坛相似的网站(图3.2.5)。

图 3.2.5 百度搜索论坛截图

步骤2：在新人介绍模块发布自我介绍的帖子。

（1）在新人介绍主题下撰写了第一篇帖子，帖子没有带任何与推广相关的内容。

（2）因为介绍性帖子应包括对自己专业知识的简短描述，以及为什么加入论坛的解释，让其他用户知道你的主要目标是为社区做出贡献并向社区学习（图3.2.6）。

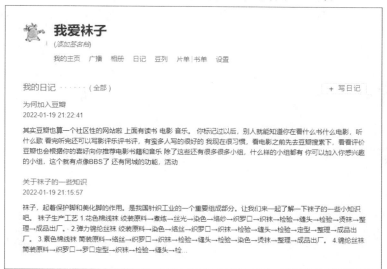

图 3.2.6 豆瓣网上发布介绍性的帖子

步骤3：浏览论坛中的帖子。

在论坛中找到活跃度高的主题和受欢迎的用户，点击浏览里的帖子，了解论坛上的人都怎么进行互动，熟悉论坛的风格和文化，用户的倾向性内容等（图3.2.7）。

步骤4：新注册账号维护，发布回复帖。

在浏览论坛帖子的时候，对自己熟悉的领域针对性地对一些主题进行回复，并且注意回复一定要是行之有效的建议或者意见，而不是毫无营养的回答和吹嘘。

帖子	专区	发布时间	回复	推荐	亮评数
李宁小程序 有活动了啦 互助力 白嫖袜子	运动装备	2022-01-05	0	0	0
SNH48 TEAM NII脱袜子大赛	步行街每日话题	2022-01-02	1	0	0
识货买的袜子标被撕 鉴定还无法鉴定	运动装备	2022-01-10	16	0	0
尴尬 练舞穿错袜子了	步行街每日话题	2021-10-25	193	88	32
【1月9日晚22点劫镖】全新 NIKE SOCK DART 经典袜子鞋	物品拍卖	2022-01-08	0	0	0
Stance 的袜子，又剁手了	运动装备	2021-11-01	40	3	0
【0元起拍】袜子鞋 36 10.10 22点截标	物品拍卖	2021-10-08	9	0	0
装备人运动，最近识货除了一批没有卡纸的袜子	运动装备	2021-10-07	33	3	0
求uzis系列袜子推荐	运动装备	2021-10-05	10	0	0
HXDM Stance 袜子打球穿推荐买什么型号啊	运动装备	2021-06-01	22	0	0

图 3.2.7 浏览论坛上关于袜子的帖子

另外，回答要客观、专业，将自己营造成一个个人爱好者或者这个行业的专家，这样，才会慢慢受到论坛里成员的信任。他们会主动向你咨询问题，这时再做自己业务的营销推广才不会有很大的限制。

可以将所有给自己的回答都做备份，登记链接，随时跟踪动态和后续的问题。

注意不与论坛中对自己不满的人发生争议，应以一个客观者的口吻回答问题，如图 3.2.8 所示。

图 3.2.8 发布回复帖

步骤 5：坚持登录和更新。

每天都要坚持更新内容，保持每天的活跃度，回复和发帖，不断创造好的内容让论坛的用户了解自己，信任自己。

步骤 6：从论坛收集信息和数据。

在遇到问题和困扰时，通过团队整理出来解决方案，再去回复帖子，帮助客户解决问题。在业务上，小曾等人尽可能开发出可以解决用户问题的产品，再到论坛中进行推广。

活动评价

小曾等人在袜子论坛成功注册账号后，通过回复、发帖，与坛友互动，成功树立形象，争取到一定的话语权。通过这次任务，小曾等人对论坛推广有了比较深入的了解，学会了维护论坛账号的技巧，受到李主管的好评。

任务 3 >>>>>>>>>
如何撰写帖子、发帖及效果评估

情境设计

周一例会，小曾等人一起讨论下一阶段的工作，之前他们已经完成了论坛注册和论坛维护的初步工作，现在开始进行论坛维护第三阶段的工作。他们准备在论坛发布帖子，让网民对他们有一定的熟悉度，增加自我的话语权，为在论坛推广打下群众基础。

任务分解

为了完成本次发帖任务，在李主管的指导下，小曾和同学们组成小组，决定各自的工作内容，小曾小组由小曾负责发第一个帖子，其他同学负责回复、顶帖。小曾等人决定了这次任务的工作流程，首先是撰写帖子，然后是发帖，最后是顶帖，让更多的网民能参与进来。本次任务主要分为两个活动：①撰写帖子；②发帖和效果评估。

活动 1　撰写帖子

活动背景

小曾等人要发帖子，首先要保证不会被删除，那就需要了解论坛的帖子类型。有些论坛对推广性的帖子把关很严，有些论坛较宽松，要根据论坛对推广性帖子的接受度，决定发布的帖子。

?? 想一想

撰写的帖子需要注意哪些事项，什么样的帖子才不会被删除呢？

▢ 知识窗

怎样发帖才不会被删除？

（1）一般要删除贴吧上的帖子有两种情况：一种是系统删除，另一种是人为删除。

（2）人为删除就是被你所发帖的贴吧主、副吧主、管理员所删除的。一般是因为你触发了吧规从而导致别人删除你的帖子。这类情况你只要好好看一看所发帖的吧规即可，吧规一般都会置顶。

（3）系统秒删这种情况就比较复杂了，要查看自己的贴吧 ID 是否含有敏感词汇，有就需要修改。

（4）发的帖子是否含有过度广告信息，有的话也会被删除。

（5）还有一些帖子本身没有问题，但可能引起吧友们相互过激反应的帖子，也是有可能被删除的。比如有些话题会引发地域歧视类的相互攻击，所在贴吧管理员会凭过往经验，在还没有引发骂战的时候就提前删除了。

活动实施

步骤1：选择撰写帖子的形式。

在选定的论坛上浏览帖子，特别是精华帖子，以及被删除的帖子的标题，并对帖子进行分类。可以以三类帖子为主：一是根据热点新闻撰写帖子；二是根据袜子相关知识撰写帖子；三是根据公司促销决策撰写活动类推广帖子。以袜子知识作为突破口，在网民中树立专业形象，从而让顾客了解企业的产品，进而提升企业和产品的知名度和美誉度。

步骤2：根据袜子知识撰写帖子。

以帖子的形式推广商品品牌，帖子的内容以袜子知识为主，由小曾领头写第一楼的帖子，其他人为辅。小曾以男袜开始发第一张帖子，其他人在下面回复，并通过不同人的回复，引出袜子的趣闻和知识，在这个过程中引出银纱线抗菌防臭袜，让网民对企业产品有一定的了解。

活动评价

小曾等人在袜子论坛浏览各类帖子，分析被删除帖子的原因，总结了适合推广的帖子类型，撰写了以袜子知识和趣闻为主的帖子。通过这次任务，小曾等人对论坛帖子有了比较深入的了解，学会了撰写论坛帖子的技巧，受到李主管的好评。

活动2　发帖和效果评估

活动背景

小曾等人决定以帖子的形式推广商品品牌。小曾准备好帖子，帖子的内容以袜子知识为主，其他人也做好准备，要开展推广活动了。

?? 想一想

小曾等人要怎样发帖呢？

□ 知识窗

1. 帖子的类型

网民在论坛中就其感兴趣的话题发表的个人见解就是帖子,帖子的形式由主帖与跟帖组成。在进行论坛营销时,可将营销帖分为平帖、效果帖、广告帖3类。

(1)平帖:形式为一个主帖+少数几个跟帖,根据产品的某一特性撰写帖子,注重传递产品信息,互动性不强。平帖出现在论坛相关板块发帖栏内,无任何特殊标志。

(2)效果帖:形式通常为一个主帖+多个(50个以上)跟帖,根据某一热点事件,内容具有很强的互动性,通过大量的跟帖,能比较完整地传递企业品牌和产品信息。

效果帖的基本类型分为精华帖、置顶帖、热帖。其中,精华帖是指内容精彩、有价值的帖子,带有"精力标志"的帖子。置顶帖是指向本版网民展示的有价值的,带有"顶"标志的帖子。热帖是指帖子内容有吸引力,能引发网民参与讨论,带有"HOT"标志的帖子。

(3)广告帖:通常为论坛首页的前五个帖子,发帖者通过与各大论坛建立合作关系,花钱购买靠前的帖子位。广告帖主要是企业用来组织相关活动的。

2. 发帖的要求

(1)选择适合推广主题的论坛/社区。

(2)发帖前首先了解网站发帖规则,选择与自己推广主题相应的板块,尽量完整地表达自己的意思。

(3)帖子要有创意,容易引发共鸣。

(4)帖子内容有吸引力,都是大家喜闻乐见的。

(5)要多顶帖,把你的帖子顶到前面。

活动实施

步骤1:发帖。

(1)登录豆瓣网站后可以选择"说句话""发照片""推荐网页""写日记"等方式来进行发帖(图3.3.1)。

图3.3.1　准备发帖

(2)打开发帖页面的"写日记"(图3.3.2)。

(3)写完帖子,点击"下一步"按钮,进行日记设置(图3.3.3)。

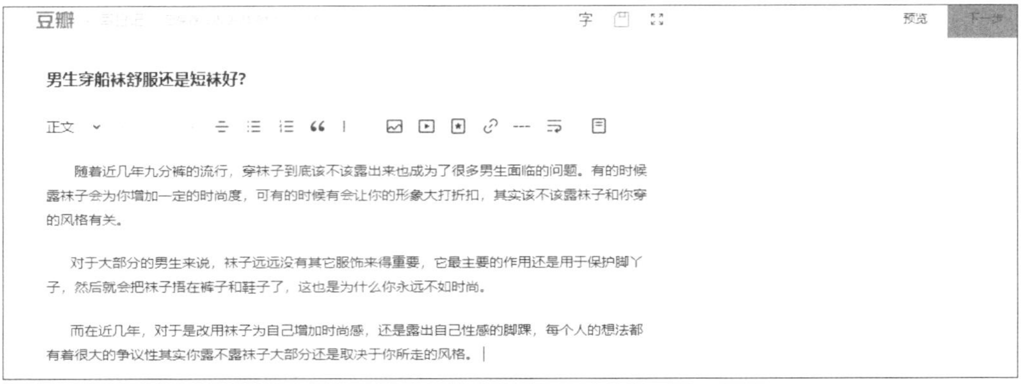

图 3.3.2　撰写帖子

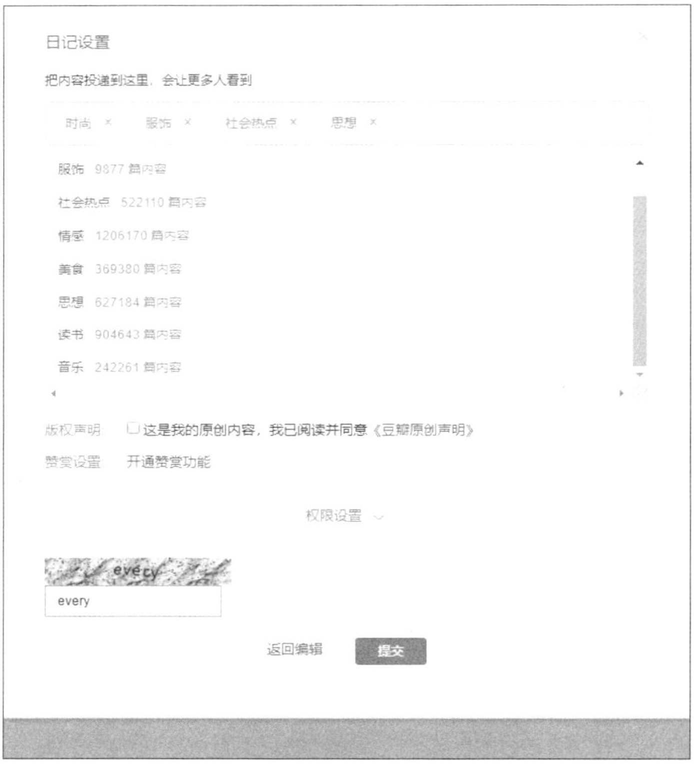

图 3.3.3　日记设置

（4）点击"提交"按钮，发帖成功（图3.3.4）。

步骤 2：评估。

小曾发了一个有关袜子趣闻的帖子，几个同学帮忙回复，提出不同问题，引出多种袜子趣闻，其中包括船袜，通过统计有效的回复数以及回复的ID，小曾等人对推广的效果进行评估，看有多少网民主动参与，接收到他们传递的信息。

如何撰写好
的帖子

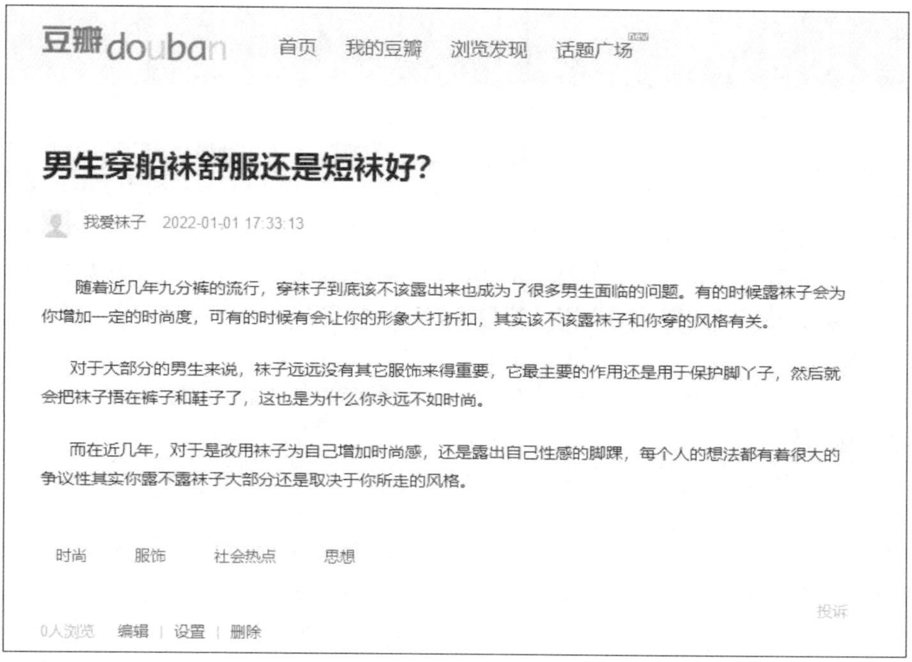

图3.3.4 发帖成功

活动评价

小曾等人如期完成任务，受到李主管的表扬，通过这次合作，小曾觉得自己的组织能力、统筹能力、动手能力都得到了极大的锻炼，对网络推广在电商的作用体会深刻。小曾认为随着电商的发展，对人才推广的需求也将扩大，他对前途充满信心，坚定了在电商行业发展的想法。

项目总结

论坛是一个最广阔的口碑营销阵地，对草根有巨大的影响力，通过讨论和转帖的形式进行病毒式的传播，传播成本低、范围广，能有效地为企业提供营销传播服务。本项目我们理解了论坛的概念、特点和类型，帖子的作用和分类等基本知识，熟练掌握注册和登录论坛的步骤，转载讨论以及发布帖子等技能，论坛作为一种企业常用的网络推广方式，是学生就业和创业需要掌握的必备技能。

论坛推广在选材上应遵循"内容新""互动性强"等特点。论坛推广主要以软文为主，其选材应多逛专业的行业网站，从中选取最新的内容为妥，如最新的评测、最新的软件资源、最新的行业新闻等；选材除"新"的特点外还应有"互动性"才行，即一篇文章在网友看了后应能激起其发言回帖的欲望，具体可选择两个"次极端"型内容，切勿选不瘟不火的内容。

论坛推广的选址、时间段及频率。选择合适对口的论坛是宣传推广工作很重要的一个动作，具体可按"内容相关性""论坛注册用户数""论坛日发帖量"等指数来选择合适的论坛。

素养提升

作为一个合格的论坛推广员应该具备以下五点能力：

1. 网站的辨别能力

这个放在第一点是必须的，因为你网络推广做什么都是离不开网站，只是网站的类型以及功能不同而产生不同的推广方式而已。但是你有想过，网站多了，信息多了，就让人找不到头绪，不同的网站间有不同的功能。就拿论坛来说，有些论坛因为不同的权限有着不同的功能，那么你作为推广人员必须要有一定的辨别能力，有些站点对推广做了限制，比如网站版本的权限，用户的访问权限，推广栏目的权限，信息的发布权限等等。

2. 资源整理能力

网络推广中资源是很重要的一块，但资源是一个很漫长的过程，因为资源是累积而来的。针对资源这一块，首先得定位推广方式有多少，目前常规的推广手段较多，可利用的资源整合也是相当可观的，但是，如何处理资源的时效性呢，比如，互联网论坛资源上十万家，如何区别有效资源，资源的更新周期，资源的时效性，资源的分类整理，资源的推广栏目的定位，资源推广的注意事项等等。

很多推广员在资源整理时通常都会犯的一个毛病，就是只添加，不删除，长时间积累下来，资源虽然逐渐庞大，但资源的真正的可用价值不高，而且无形中增加了工作量。

3. 创意、创新能力

通常来说，常规的推广手段只能起到将信息公之于众。有时候，公之于众的信息，有点击量，有回复量，但两者都不是很高时，那么，网推人员就必须得有一定的创意、创新的能力，才能吸引眼球。以及创新出一些新颖的推广技巧或方法。

4. 推广技巧能力

技巧这个是需要自由发挥，融会贯通。而且很可能都是每个推广员都有自己的一套推广技巧，可以从推广的技巧来挖掘可以看出一个人是否具备做一个专业的推广人员素质。常规的推广方式较多，但实际上真正的可利用于己的有价值的推广方式不多，这中间就要看个人的选择使用技巧的能力了。

5. 文案编辑能力

很多人可能都觉得这些有部门上专门的文案编辑去做是不是更好？ 是的，某些方面来说的话，是这样的，比如你要发布新闻，发布一些软文的话是这样的，但比如说你自己的一些资源，博客的文章更新，论坛的回帖，发的热门帖，也需要每天每天人家编辑给你？ 当然了，如果真有人这样的话，那肯定好了，只不过你一定要和编辑沟通好才可以。我的建议是自己编写是最好的，因为网推人员在推广的时候，自己接触的是最多的，比如论坛上，如哪些内容较吸引人眼睛，哪一些内容不被删除等等。

合作实训

实训背景：佛山市农博会每年都会有特色产品，如佛山古法蒸猪、澳门手信、广式腊肠腊肉、大礼包鸡仔饼等，现在决定由电商专业学生参与一次论坛推广活动。

实训任务描述及任务分工：

第 1 小组：针对潜在消费群，选择论坛，注册账号，协助推广。

第 2 小组：撰写帖子并协助推广。

第 3 小组：发帖和引导舆论，作为主要推广负责人进行推广。

实训评价：

实训评价表

组别＼指标	是否完成（10 分）	完成质量（25 分）	完成时间（5 分）	团队合作（10 分）	汇报情况（50 分）	得分
第 1 小组						
第 2 小组						
第 3 小组						

项目检测

1. 单项选择题

（1）以下不属于论坛特点的是(　　)。

　A. 连续性　　　　B. 封闭性　　　　C. 传播性　　　　D. 互动性

（2）以下论坛中具有互动性特征的是(　　)。

　A. 天涯论坛　　　B. 华声论坛　　　C. 网易论坛　　　D. 前三项都具有

（3）以下属于地方性论坛的是(　　)。

　A. 广州妈妈网论坛　B. 天涯论坛　　C. 新浪微博　　　D. 猫扑论坛

（4）天涯论坛属于(　　)类型的论坛。

　A. 综合性　　　　B. 专题性　　　　C. 资料下载　　　D. 功能性

（5）在天涯论坛中选择注册账号的手机号码可以用(　　)次。

　A. 1　　　　　　B. 2　　　　　　C. 3　　　　　　D. 4

（6）在注册账号之后(　　)是不能修改的。

　A. 手机号码　　　B. 论坛昵称　　　C. 论坛头像　　　D. 论坛皮肤

（7）在注册论坛账号时要求的密码位数最少是(　　)位。

　A. 8　　　　　　B. 7　　　　　　C. 6　　　　　　D. 5

（8）论坛撰写中哪个不是组成部分？(　　)

　A. 正文　　　　　B. 标题　　　　　C. 结尾　　　　　D. 评论

（9）网络论坛就是大家口中常提的 BBS，翻译为中文是(　　)。

　A. 电子公告板　　B. 论坛　　　　　C. 网络白板　　　D. 互动网站

（10）网络论坛系统的创建目标是给用户提供一个(　　)的空间。

　A. 推广商品　　　B. 信息交流　　　C. 发布言论　　　D. 交友

2. 多项选择题

（1）以下论坛中哪些属于专题性论坛？(　　)

　A. 人教网　　　　B. 考研网　　　　C. 美食天下　　　D. 汉网社区

（2）下列论坛属于综合性论坛的是(　　)。

　A. 网易论坛　　　B. 天涯社区　　　C. 17173 游戏论坛　D. 搜狐社区

（3）以下哪点属于论坛特点？（　　　）

    A. 开放性　　　　　　　B. 封闭性　　　　　　C. 传播性　　　　　　D. 互动性

（4）论坛注册有哪些方式？（　　　）

    A. 手机号注册　　　　　B. 邮箱注册　　　　　C. QQ 注册　　　　　D. 微博注册

（5）美食论坛是针对哪些对象？（　　　）

    A. 爱美食　　　　　　　B. 爱汽车　　　　　　C. 爱介绍美食的　　　D. 爱家具

（6）论坛推广有哪几种推广方式？（　　　）

    A. 图片推广　　　　　　B. 文字推广　　　　　C. 视频推广　　　　　D. 网站推广

（7）以下论坛中具有互动性特征的是(　　　)。

    A. 天涯论坛　　　　　　B. 华声论坛　　　　　C. 网易论坛　　　　　D. 太平洋电脑网

（8）发帖有哪几种形式？（　　　）

    A. 问答式　　　　　　　B. 连载式　　　　　　C. 图文式　　　　　　D. 链接式

（9）营销帖的类型有(　　　)。

    A. 精华帖　　　　　　　B. 平帖　　　　　　　C. 效果帖　　　　　　D. 广告帖

（10）效果帖包括哪几种类型？（　　　）

    A. 精华帖　　　　　　　B. 平帖　　　　　　　C. 置顶帖　　　　　　D. 热帖

3. 简述题

（1）简述论坛的概念和特点。

（2）简述论坛帖子的类型。

（3）简述论坛帖子的撰写要求。

4. 趣味挑战题

    每位同学自选一个社区论坛（如豆瓣网、知乎、百度贴吧、天涯论坛等），注册后并发表帖子，看谁的帖子能否成为精华帖，并查看自己的关注粉丝数，看看谁的粉丝最多，关注度最高。大家一起来挑战一下吧！

项目 4
品牌推送——微博观点战

【项目综述】

广州市荔湾区盛某茶行经过一段时间的论坛推广后，计划扩大网络推广覆盖范围，增加微博推广渠道。公司决定王乐、李超、张兵等十位中职学生为公司微博运营团队，主要目标是利用微博平台，提升企业和产品在网络社交市场的知名度和美誉度。

在微博平台运营期间，王乐学到了使用微博对商品进行品牌推广的基本步骤和方法，了解了主要的微博账户及其平台、特点和分类，学会了注册账号，了解如何发布一则有质量的微博，能够熟练地回复和发布微博，了解到不同形式的微博推广活动，能够熟练地读懂微博基本数据。在实习期间，王乐提出多个有建设性的建议并被公司采纳，实习结束，运营部给予他"优"的评定，并与他预签了明年的工作合同。王乐感觉收获巨大，对前途充满信心。

【项目目标】

知识目标

通过本项目的学习,应达到的具体目标如下：

◇理解微博的概念。

◇理解微博营销的概念、特点和类型。

◇了解国内外主要微博平台及各自的特点。

◇了解有"质量"微博的内容。

◇了解有微博基本数据的含义。

能力目标

◇能够注册并设置微博账号。

◇能够发布有效帖子,并能够熟练转发、评论微博。

◇能够有针对性地发起话题。

◇能够选择适合微博的推广方式。

◇能够读懂微博的基本数据。

素质目标

◇培养团结、协作的团队意识。

◇培养灵敏的网络推广意识,具有探究精神。
◇培养网络活动组织能力。

【项目思维导图】

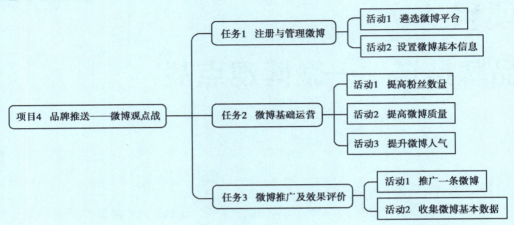

任务 1 >>>>>>>>>>
注册与管理微博

情境设计

建立团队后,王乐、李超等一起参加了公司今年市场推广布置会议。公司黄总说,今年春茶上市,公司要加强网上推广力度,开展微博推广业务,要求运营部新进员工负责策划具体推广方案。会议上大家热烈讨论了采用哪种推广方式比较合适,每个人都提出了自己的看法。最终公司决定采用王乐提出的使用"个人微博"账号辅助公司微博对所属"云南晒青普洱茶"品牌展开推广,做好公司与消费者之间的互动。负责营销的彭总安排王乐作为这次微博品牌推广小组组长。

任务分解

王乐作为这次微博品牌推广小组组长,需要根据各个平台的特点、人气等情况,选择落户的微博营销的平台,再注册品牌营销使用的微博账号,并对该微博账户进行资料维护管理。本次任务主要分为两个活动:①遴选微博平台;②设置微博基本信息。

活动 1 遴选微博平台

活动背景

虽然公司确定了以"微博"作为主要推广方式,但对于刚从学校毕业的王乐等人来说,面对众多的微博平台,他们不知道该怎么选择?王乐决定先从分析和评估微博平台开始。

?? 想一想

　　面对众多的微博平台,他们应该怎么选择?

▢ 知识窗

　　微博,即微型博客,是一种基于互联网,以"简短""快速"为特征,通过手机、PC 等多种终端发布多媒体信息的新型博客形态,其内容最长上限为 140 字符。国外知名的微博平台有 Twitter 和 Facebook 等,国内知名的微博平台有新浪微博。

　　微博营销操作简单,140 字信息发布便捷,可以实现与"粉丝"即时沟通,也不需要有很高的成本。企业可以运用微博对微博关注者进行精准营销。不过,要在微博平台上开展营销,需要微博账户上有足够数量的"粉丝"才能达到传播的效果,人气的积累是微博营销的基础。

活动实施

　　步骤 1:搜索关键词。

　　王乐等人打开百度网站,在搜索框中输入"微博""微博平台",以及"微博+茶叶"等关键词。

　　从搜索结果显示来看,他们发现在关键词"微博"中,新浪微博排名最前(图 4.1.1),紧随其后的是微博百科、新浪微博资讯信息;从"微博"搜索结果首页数量上看,全部内容都是新浪微博官方和新浪微博账户地址,搜狐微博在搜索界面第二页才出现;在关键词"微博+茶叶"中,排名最前的也是新浪微博上的账户地址(图 4.1.2),从"微博+茶叶"搜索结果首页数量上看,大部分为新浪微博账户地址。而曾经风靡的腾讯微博也已在 2020 年 9 月停止服务,搜狐微博远比不上新浪微博(图 4.1.3)。

图 4.1.1　百度搜索微博显示内容

图 4.1.2 百度搜索"微博+茶叶"显示内容

步骤 2：了解微博使用情况。

根据 2022 年新浪微博第 1 季度财报，可以看出 2022 年新浪微博第 1 季度月活用户达到 5.8 亿人次，活跃度高（图 4.1.4）。

图 4.1.3 腾讯微博停止服务通知

图 4.1.4 新浪微博 2022 年第一季度财报

从上述结果来看，王乐等人判断新浪微博平台的用户基数较大，且活跃度较高，同时具有相应客户群体，潜在客户数量也较大，适合企业在上面开展营销活动，方便对顾客群进行营销。

活动评价

这次任务结束了，当海量信息摆在面前，如何筛选一个合适的平台很重要。通过这次合作，王乐觉得自己在独立面对问题时还有很多不足，需要更多的耐心和冷静的思考。不过这次任务也让同学们对网络信息的甄别、筛选工作有了进一步的了解。

新浪微博的
发展

活动2　设置微博基本信息

活动背景

> 王乐等人决定将微博账户落户于新浪微博后，他们选择进行微博的个人注册，但微博账号仍需要经过一系列的设置，才能更加有效地完成营销工作。

?? 想一想

微博账户注册完成后，还需要进行哪些方面的设置呢？

□ 知识窗

在微博账号设置中，可以对个人信息，如头像、标签、个人简介等进行设置。这类基本信息也是微博营销的一部分。

（1）微博头像是获得粉丝关注的重要信息，若是个人微博，头像是博主彰显个性的重要途径；对于企业用户来说，将企业品牌LOGO或代表企业形象的LOGO作为头像，不仅可以增强潜在用户对品牌的信任，也可以提高账户的关注度和企业认知度，有助于在微博互动过程中树立品牌形象。

（2）微博账户昵称，对于微博营销推广是至关重要的。企业经营的微博，一般选取推广品牌名或者选择母公司品牌名作为昵称，既推广品牌又可以增加粉丝印象。

（3）微博标签工具，一个通过几个不同的词语刻画微博博主特征的工具，提高自己被其他用户搜索的曝光率，吸引更多人群关注。过于热门或过于冷门的标签，都不利于微博品牌推广。

（4）目前，新浪微博的认证体系基本上可以分为三大类：个人认证、官方认证以及海外认证。在此基础上，新浪微博针对个人用户的认证还可以再细分为在职认证、职业资格认证和作品和获奖认证。目前，微博个人认证已面向34个分类542个职业的知名人士和行业精英开放自助申请认证。另外，新浪微博将官方认证分为政府、媒体、企业、其他四大类别，其他分类还进一步分为网站、第三方应用、机构团体、公益组织和校园等。按申请类别的不同，要求机构提供相对应的证明材料。

活动实施

步骤1：为微博账户添加合适的头像。王乐等人设计了一个能代表企业形象的LOGO作为自己官微的头像，提高了品牌的认知度和辨识度，在微博互动过程中起到了很好的宣传作用（图4.1.5）。

图 4.1.5　"广州盛某"微博头像

通过"设置→账号设置→头像"，头像上传有两种方式，"本地照片"和"自拍头像"，王乐等人选择了"本地照片"上传完成头像的设置（图 4.1.6）。

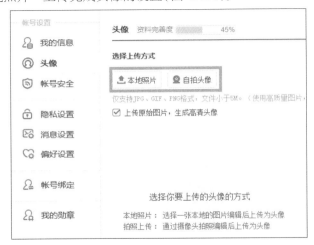

图 4.1.6　微博头像上传

步骤 2：为微博账户取一个"好"昵称。将注册的微博账户昵称设置为该企业名称，即"广州盛某茶行"。他们认为用企业名称命名昵称，可以让粉丝快速了解该微博的基本情况。

步骤 3：为微博账户定义标签。王乐等人将其运营的微博账户标签设定为"普洱茶""古树茶"等信息，简明扼要地将微博的基本概况通过几个词语进行概括，帮助粉丝迅速从中大致判断这个微博的内容方向（图 4.1.7）。

图 4.1.7　微博标签信息示例

步骤 4：选择合适的模板。微博模板自定义功能处为其微博设计了一个以"广州盛某行"为主题的模板（图 4.1.8）。

步骤5：为微博账号申请认证。为了更方便地开展微博营销，发挥团队中每个队员的力量，他们决定为其微博账户申请"个人认证"。

步骤6：发布第一条微博。当完成上述基本设置，终于可以开始筹划第一条微博了。他发现新浪微博提供表情、图片、视频、话题、长微博、点评、定时发、音乐、投票、微公益、发文件等14项功能发布与互动。用户可以根据自身需求结合多项功能同时使用，并依照个人喜好设置公开权限，最后单击"发布"按钮(图4.1.9)。

图 4.1.8　自定义微博背景

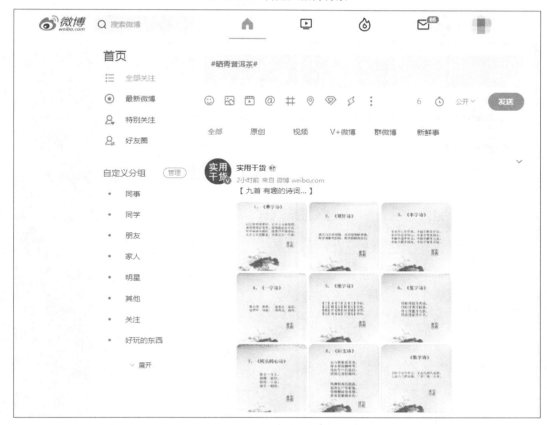

图 4.1.9　新浪微博发布界面

步骤7：查看微博发布后的后台数据。当第一条微博发布后，点击微博头像—管理中心—数据助手，查看关于微博的相关数据，包括单条微博阅读趋势阅读数、转发数、评论数等（图4.1.10—图4.1.12）。

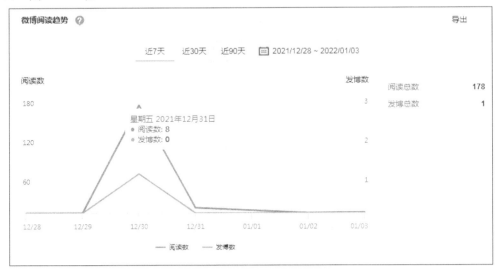

图4.1.10　微博阅读趋势

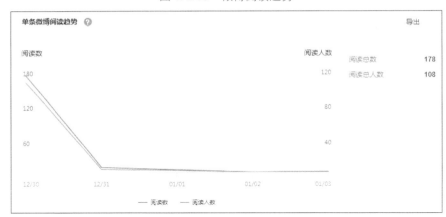

图4.1.11　单条微博阅读趋势

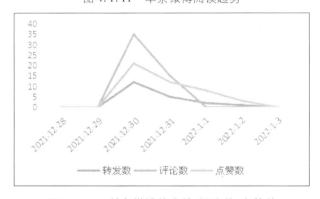

图4.1.12　单条微博转发数、评论数、点赞数

活动评价

这次任务结束了，王乐等人也成功地发布了第一条微博。看到后台的数据，阅读量为178，最高达到 35 的评论数和 21 的点赞数，转发量为 12，为了顺利地完成这次任务，王乐等人真的下了一番工夫，不但需要综合运用电商相关知识，在头像选择、账户、标签定义上也有很多学问。

任务 2 »»»»»»»»
微博基础运营

情境设计

王乐等人接触新浪微博有一段时间了，恰逢天猫"双 11"活动，经与公司领导商量决定，从这一周开始微博推广进入实质阶段。公司黄总给王乐等人布置了几点具体推广要求：尽量提高新注册微博账户粉丝数量，多与粉丝进行互动，保持良好的客户关系管理，争取让更多的消费者或潜在消费者知道公司和产品，帮助这些消费者了解公司产品；要求王乐等工作小组必须高质量地运营微博内容，让粉丝通过关注公司微博可以感受到附加价值；多参与和创建话题，增强粉丝互动，大大提高粉丝质量，提高微博人气。

任务分解

根据公司黄总的工作要求，王乐等人立即开了一个讨论会，确定了微博推广第一阶段的工作任务：首先，对微博账户进行初级运营，提高粉丝数量和质量；其次，尝试提高微博质量，多发布有价值内容；最后，参与热门话题、创建话题，增加微博账户曝光。本人任务分为 3 个活动：①提高粉丝数量；②提高微博质量；③提升微博人气。

活动 1　提高粉丝数量

活动背景

王乐等人运营这个新注册的微博，遇到的第一个困难，毫无疑问就是粉丝的问题。新注册账户上关注的用户太少，企业营销信息无法向外传递。众人面对这些实质问题，不知道下一步该如何进行。王乐认为要解决这些问题，应该从提高"粉丝"的数量着手。

?? 想一想

如何才能提高运营微博的粉丝数量呢？

　　微博的实质是一个内容分享平台。运营者需要明确自己的粉丝群体,根据不同的需要,提供有针对性、有价值的博文才能够吸引更多的粉丝,否则会被渐渐遗忘。

　　如果只是单纯性地关注微博用户,你与其他微博博主的关系并没有实质地建立起来,相反,你会在大量的微博更新中失去对焦点用户的关注。

活动实施

　　步骤1:王乐等人尽量多地关注其他热门微博账户,特别是尽可能地关注有共同兴趣点、同地区、同行业的用户,这将使运营账户获得更高的互相关注率。

　　首先开始着手寻找"合适"的用户。所谓"合适"的用户,就是对公司、产品感兴趣的相关、相近的微博用户,包括广大爱茶人士。通过在微博首页上部导航条点击"发现"(图4.2.1),进入新浪微博"发现"页面。

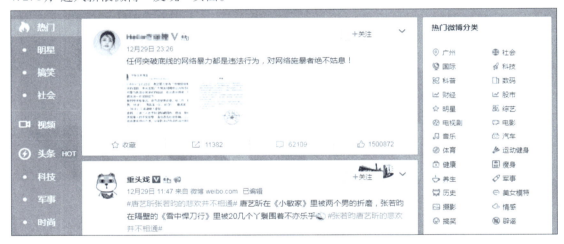

图 4.2.1　新浪微博"发现"页面

　　在这个页面中,新浪微博已经按"热门微博"进行了分类处理,可以根据实际需要,选择查看"综艺""社会""艺术"等49个分类项目中的"即时热门微博"(图4.2.2),也可以通过页面左侧导航条的"微话题""找人"等12个栏目,查看目前这些栏目里的最新微博(图4.2.3)。

　　王乐等人决定将关注的人确定为标签"美食""茶""普洱茶"等人群,特别是这些类别下的活跃用户。同时,同组的王强发现,原来手机微博也可以依照他们的特定要求对微博用户进行分类筛选(图4.2.4)。

　　步骤2:对已关注的用户进行评论和转发,并主动与这些用户进行互动,增加曝光率,特别是与同行业、同兴趣的用户之间的互动。

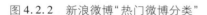

图 4.2.2　新浪微博"热门微博分类"　　　　图 4.2.3　新浪微博"发现"导航条

图 4.2.4　手机微博"发现"导航条

活动评价

这次任务结束了，王乐等人也朝着目标继续前进。通过这次合作，王乐发现账户运营初期，寻找适合自己的"目标客户"可不是一件轻松的事情，需要用心与更多的用户互动才能收到一些效果。不过，黄总对王乐等人这次任务的完成很满意，希望他们不要泄气，继续努力。

活动2　提高微博质量

活动背景

　　经过一段时间的运营，王乐等人费尽心思在网上找各种热文转发，内容几乎涵盖时下互联网的热门主题，但是运营效果依然不理想，粉丝数也不见有较大提高。众人面对这个棘手的问题，找不出问题的症结何在。这时王乐提出应该少转发，多关注博文的质量。

?? 想一想

"好"的博文应该是什么样的呢?

□ 知识窗

虽然,尽量转发质量较高的微博可以吸引更多的用户进行关注和互动,但是最好将转发的比例控制在 50% 以内。只有原创的、有价值的微博才是受用户喜爱和感兴趣的。发布有价值、有质量的微博才是微博推广最核心的,才能让别人主动转发你的微博,提高曝光率。

微博推广,实质上是一种软文营销,如果在微博中赤裸裸地展现商品广告或者产品链接,也会让粉丝产生排斥心理,这将对接下来的推广带来巨大的障碍。另外,选择发布微博的时间也是至关重要的,若在工作时间发布,可能传播量会大大减少。

活动实施

王乐认为要写出有质量的微博,应该包括在三个不同的方面进行整改。

步骤 1:提高活跃度。首先保证每天都有一定量的登录时长,其次增加发博文的数量,频率越高,活跃度越高;最后还要增加互动性,充分了解新浪微博为用户提供了哪些制造内容的功能。经过众人的了解,新浪微博可以为用户提供表情、图片、视频、提到某人、话题、地点、超话、头条文章、直播、问答、新鲜事、点评、微评共 13 项功能结合原创内容发布与互动,这样博文的活跃度自然就能提高(图 4.2.5)。

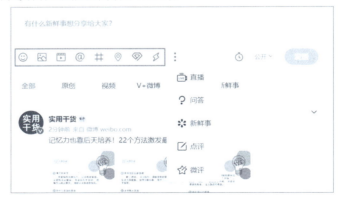

图 4.2.5 新浪微博互动功能

步骤 2:提高传播力。运营账户应该找到属于自己的语言、图文等方面的风格,增加原创的内容,提高更新频率才能引起粉丝对该账号的关注,并关注图文在移动端的适应性。比如:①多发布原创性的内容,同时可以转发有趣的图片或视频;②结合当地的热点话题带动当地的博友;③积极参与热点话题的讨论;④积极与粉丝互动,可以组织线下活动;⑤微博用户还可以根据自身需要转发+观点表达和@ ×××(指定用户)进行发布,得到他们的转发和评论,能增加博文的传播力。

步骤 3:提高覆盖度。微博除了活跃度与传播度,覆盖度也很重要。比如在注册管理微博时使用实名;使用精彩、个性的个人签名;使用自己的照片作为头像;提高自己关注的人的数量;最重要的是形成自己的微博风格。

活动评价

通过这次活动，王乐等人意识到自己的问题"微博总是不能吸引用户的关注、评论"，从三个方面进行整改，提高活跃度、传播力以及覆盖度，微博的质量有了明显的提升。经理对王乐等人提出表扬，希望他们继续努力。

活动 3　提升微博人气

活动背景

关注到微博质量后的运营小组的确感受到了运营效果比之前好了很多，但是团队成员始终感觉微博人气还是不能被带旺，王乐也陷入了思考。最后，王乐认为微博账户还是主动曝光不够多，需要多参与或创建话题。

?? 想一想

参与或创建话题应该怎么做呢？

□ 知识窗

微博话题主持人是面向所有信用积分为 80 分以上（含）、30 天内信用积分被扣分不高于 5 次（不含）的用户开放申请，每个话题只能有一位话题主持人。第一位符合资格的申请人将成为话题主持人。

创建或参与微博话题是微博平台提供给每个微博账户主动推广的一种方式，不仅可以增加微博用户与粉丝的互动和曝光，也可以使微博用户与真实世界发生联系，将该账户纳入真实事件中。

活动实施

步骤 1：在"热门微博"中找到合适的话题，发布带话题的图文微博。前期运营工作积累中，王乐等人运营的微博账户上的粉丝有一定的积累，也关注了一些兴趣相投的微博账户，他们也尽量在原创、转发和评论的微博上与不同的用户开展积极的互动，初步建立起一些互联网友好关系。但是从整体上看，他们认为这个微博的反应还不够热烈，能够与他们进行互动的微博账户还是局限于少数几个，影响力还需要进一步加强。因此，微博运营小组商量后，决定主动参与热门话题内容更新，争取做话题主持人，创建属于自己的话题。

点击进入微博首页，选择右侧的"热门话题"，即可进入话题页面（图 4.2.6）。在页面中可以选择"热门话题榜"查看 1 小时内、24 小时内的两个时段话题排行榜，也可以通过"分类"查看感兴趣的话题，还可以点击"好友热议"查看关注好友正在对哪些话题感兴趣。

热门话题	C 换一换
#明星效应与传销结合更...#	6071万
#国漫为什么难出圈#	634万
#新的一年你有什么美好...#	395万
#为风起洛阳写大结局#	6630万
#如何评价山姆退卡潮#	2241万
#两男子引带偷渡致5万...#	7692万
#不建议2岁以下儿童看...#	2亿
#指妻眯眯眼辱华就是歧...#	1126万
#如何看待天天加班的工...#	1467万
#游戏是否要承担社会...#	250万
查看更多 >	

图 4.2.6　微博热门话题排行榜

经过一番考虑，王乐等人决定参与"#新的一年你有什么美好愿望#"这个话题进行尝试，由组内文案专员小彭编辑了一段推广文字，配上准备好的图片，最后单击"发布"。至此，一条带有"#新的一年你有什么美好愿望#"话题的微博就出现在了这个话题消息页面，任何关注这个话题的微博用户都能看到这条信息，扩大了微博的覆盖面（图4.2.7、图4.2.8）。

图 4.2.7　微博话题发布设置

图 4.2.8　微博话题发布效果

步骤2：创建一个话题，并发布一则带话题的图文微博，并在话题中置顶。王乐等人尝试了"热门话题榜"，微博账户上的互动明显比之前好了很多。不过，微博运营小组还是感到有点不尽如人意，认为还是没有自己创建话题互动那么有针对性。于是，运营小组的工作人员一致决定开展创建话题的准备工作。经过商量，他们决定用"#晒青普洱茶#"这个直接能反映出产品的词语创建话题。微博发布成功后，点击"#晒青普洱茶#"进入这个话题的管理页面。在这个页面里，可以选择"关注"，以后与这个话题有关的微博将出现在账户的内容中，也可以点击"申请主持人"，如符合条件，成为"话题主持人"后，可以对话题进行相应管理，包括头像、导语、分类等信息（图4.2.9、图4.2.10）。

图 4.2.9　在微博输入框中创建话题

图 4.2.10　话题管理页面

活动评价

　　由于前几次运营微博效果不理想，王乐等人认为应该主动出击，使用平台的功能，最终同学们认为发起"话题"是现阶段最合适的方法。同学们通过尝试最终使用了"#晒青普洱茶#"这个直接能反映出产品的词语创建话题。虽然现在还看不到"话题"的效果怎么样，但至少同学们学会了选择合适的话题来营销自己的产品。看到他们离目标又近了一步，经理很开心。

任务 3 ⟫⟫⟫⟫⟫⟫⟫⟫⟫
微博推广及效果评价

情境设计

　　通过微博的实际推广，王乐等小组成员也逐渐习惯了思考策划原创微博，或者在网络中寻找有价值的、实用的内容进行转发，或者与粉丝进行互动沟通，或者忙着与粉丝回复私信等工作，整个运营小组的成员都表示收获不小。随着运营小组对微博平台的使用日益熟练，与包括粉丝在内的其他微博用户的互动也日益频繁。公司负责营销的彭总到小组检查工作，对微博运营小组这段时间的工作表现十分赞赏，但是他提出了对个人工作考核的疑问，十分迫切地想要了解微博每个人在账户运营的业务表现情况。

任务分解

　　根据公司彭总的工作要求，王乐等人立马组织了一个研讨会，商量如何进一步有针对性地对粉丝进行微博推广，以及找到可以衡量推广效果的微博数据。本次任务主要分为两个活动：①推广一条微博；②收集微博基本数据。

活动 1　推广一条微博

活动背景

　　关注到微博质量后的运营小组感受到运营效果的确比之前好了很多，但是团队成员始终感觉微博人气还是不能被带旺，王乐也陷入了思考。最后，王乐认为微博账户还是主动曝光不够多，需要进一步推广。经过多方调查和评估，他们决定向公司申请一笔经费专门用于微博官方推出的"粉丝头条"业务，目的在于让微博内容阅读数尽量提高。

微博应该怎样推广呢？

□ 知识窗

在微博推广过程中，涉及的基础数据如关注数、转发数、影响力等可以反映微博目前的运营情况，采用推广的工具，如粉丝头条，对于微博具有较好的推广效果。

1.使用了粉丝头条推广的微博，当粉丝在推广期内刷新信息流首页，这条微博会出现在置顶位置，左上角会有"热门"标记；"推广给粉丝"业务子项是基于微博粉丝头条业务的基础上为用户智能筛选潜在粉丝并进行推广的业务，将使推广内容可以获得信息靠前的位置。

2.若关注数越多，则表示博主有主动社交的倾向，特别是在一段时间内数量持续增长，更能说明这一点；若粉丝数越多，则表示这个账号的传播能力越强，影响力越大，覆盖面更广，对营销越有利。微博数越多，则说明博主越是用心经营，同时与粉丝数成正比。另外，微博数越多，说明博主乐于分享，对微博黏性更高，也更好沟通。

3.转发数越高，说明该微博的影响力也越高，传播能力更强；评论数越多，说明博文越受关注，说明博文有独到的视角引发网友的积极评论，具有不小的吸引力。收藏数的多少，重点反映了本条微博的可用性和知识性。若点赞数越多，则表示该条微博越受订阅用户的欢迎。

4.影响力是根据每个账号每天的更新微博、被评论、转发情况以及粉丝活跃度等数据的综合衡量。影响力由活跃度、传播力和覆盖度三大指标构成。其中，活跃度代表博主每天主动发博、转发、评论的有效条数；传播力与博主的微博被转发、被评论的有效条数和有效人数相关；覆盖度的高低则取决于博主微博的活跃粉丝数的多少。覆盖度是指博主的活跃粉丝数。并非粉丝越多覆盖度越高，覆盖度是指博主的"活跃粉丝"和博主的"活跃粉丝"的二级活跃粉丝情况。

活动实施

步骤1：在微博账户内选择了一些最近发布、内容质量较好的微博，点击微博上方的"阅读数"旁边的"推广"按钮（图4.3.1）。

图4.3.1 微博推广示意图

步骤2：微博系统根据微博内容、账户身份以及购买服务次数，确定推广费用（图4.3.2）王乐等人打开微博推广购买页面。

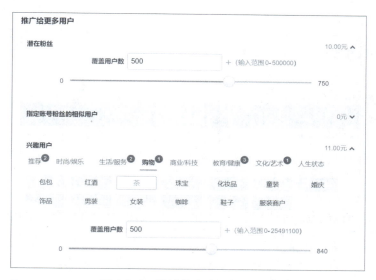

图 4.3.2 微博推广购买提示页面

步骤 3：微博推广用户可以根据粉丝数量、兴趣用户的数量选择进行推广，覆盖用户数量越多，价格越高。王乐等人选择潜在用户数 500 人，兴趣用户中，系统推荐了 8 个分类，在生活/服务类选择了"养生"和"旅游"，在购物类选择了"茶"、在教育/健康类选择了"大学学历""减肥""运动"，并完成网上支付，推广结束（图 4.3.3）。

图 4.3.3 微博推广购买页面

至此，完成了第一条微博内容推广，总共花费 21 元。他们期待 24 小时后的博文阅读数有明显提高。

活动评价

王乐等人在熟悉了微博的功能、熟练使用"话题"功能之后，希望通过"推广"的功能实现与更多用户进行更加有效的互动。同学们根据微博内容、账户身份以及购买服务次数，确定推广费用并完成支付，实现了微博的第一次推广。王乐等人终于迈出了"微博推广"的第一步，整个运营小组都期待能有一个不错的成绩。

活动 2 收集微博基本数据

活动背景

黄总到微博推广小组监督工作的时候，提出公司想要获得微博运营基本数据的想法，希望组长王乐尽快上交，以便公司对这段时间微博推广业务情况进行全面的了解，也有助于公司对微博运营小组员工的业绩作一个合理的评估。王乐号召全体成员尽量提供微博业务中可以反映或衡量他们业务质量和业务数量的指标。

?? 想一想

微博有哪些数据可以衡量推广效果呢?

活动实施

步骤1:王乐点击"微博主页",在微博主页上显示了
3个数据,即关注数、粉丝数和微博数。这3个数据显示,
在这段时间内,微博推广小组总共发了1 224条微博,关注
了294位好友,有119位粉丝。全体成员一致认为可以作为
小组运营效果的总体反映(图4.3.4)。

图4.3.4 微博主页显示基本数据

步骤2:运营专员李超认为在每条微博下面都有评论数、转发数和收藏数可以作为运营效果
的一组评价指标,可以认为是对整个运营小组和运营专员业务能力的重要衡量指标(图4.3.5)。

图4.3.5 微博底部显示基本数据(账户内部显示)

步骤3:推广专员张兵认为在微博主页"管理中心"选项卡下的"数据中心",可以从微
博内容、粉丝构成等多方面、多维度综合地了解微博运营的情况,也可以成为微博推广人员考
核的重要依据。其中包括该微博账户影响力数据、行为数据、粉丝属性数据、最热门博文、最
热粉丝等模块(图4.3.6)。

步骤4:王乐提出微博主页下方的"微博人气"也可以作为衡量微博小组运营情况的整体
指标。这个指标可以查看微博最近7天内的访问数量和折线图,以及7天内微博被转发和被评
论的总数(图4.3.7)。

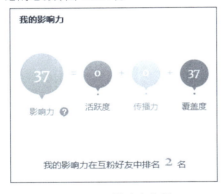

图4.3.6 影响力分析

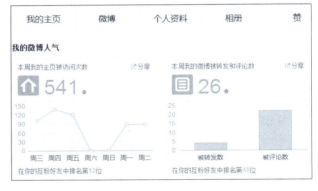

图4.3.7 微博人气图

活动评价

经理认为在过去的一段时间王乐等人的微博运营效果还是很明显的,对同学们的工作表示
肯定。微博账户无论从整体的关注数、粉丝数、微博数,还是单条微博的评论数、转发数、收
藏数都有很大的增长,而且账户数据中心的影响力分析、人气表现都比建立初期有了本质的提
升。经理认为同学们的运营基本上达到了项目初期设定的效果。

项目总结

　　微博推广是目前十分主流的一种网络营销推广方式，通过发布有价值的信息聚集人气，建立与粉丝的有效互动，能有效地扩大企业推广覆盖面，提升影响力。本项目通过了解主要的微博账户及其平台、特点和分类等基础知识，学会了注册账号，熟练地发布微博并熟练开展不同形式的微博推广活动，读懂微博基本数据等技能，是开展互联网营销的必备技能之一。

素养提升

　　微博是一个双向互动交流的平台，每一条的微博都可以有丰富的延伸。刘欢等人深知在微博上发布言论必须要合法合规，不能损害国家、社会、集体的利益，产品推广的同时要做到守法、诚信，保证消费者的合法权益，不仅要树立良好的法律意识，也要帮助企业树立良好的声誉助力未来的发展。如果在微博互动过程中发生矛盾，在解决矛盾时要坚持公平公正原则，这一原则不仅是企业运营的基本原则，也是电商行业的发展准则。

微博推广的
发展

项目实训

　　"双旦"促销即将来临，某手机制造商此时推出其年度旗舰产品，该公司营销总监王总计划在产品上市前，通过微博进行售前推广、集聚人气，并在节后将微博作为该产品的主要推广渠道持续造势。电子商务专业班的同学们听说了这件事以后，个个摩拳擦掌，都想把握这个实践机会。

　　实训任务描述及任务分工：

　　第1小组：注册微博、为微博添加合适的头像并制作合适的模板。

　　第2小组：进行微博运营、发布微博。

　　第3小组：发布微博并创建/参与话题。

　　第4小组：对博文进行推广、评估指标。

　　实训评价：

实训评价表

指标 组别	是否完成 （10分）	完成质量 （25分）	完成时间 （5分）	团队合作 （10分）	汇报情况 （50分）	得分
第1小组						
第2小组						
第3小组						
第4小组						

项目检测

1. 单项选择题

　　（1）国内常见微博平台不包括（　　　）。

　　　A. 新浪微博　　　　　B. 腾讯微博　　　　　C. 搜狐微博　　　　　D. 微信

(2)新浪微博认证系统基本上可以分为官方认证、海外认证和(　　　)。

　　A.个人认证　　　　　　B.在职认证　　　　　　C.职业资格认证　　　D.作品和获奖认证

(3)新浪微博影响力分析包括活跃度、传播力和(　　　)。

　　A.有效传播数　　　　　B.覆盖度　　　　　　　C.有效转发数　　　　D.博文阅读数

(4)新浪微博账户的头像应该在(　　　)里。

　　A.我的信息　　　　　　B.账号安全　　　　　　C.头像　　　　　　　D.隐私设置

(5)新浪微博主页显示基本数据不包括(　　　)。

　　A.转发数　　　　　　　B.关注数　　　　　　　C.粉丝数　　　　　　D.博文数

(6)新浪微博人气是根据最近(　　　)天的访问数量显示的。

　　A.3　　　　　　　　　B.5　　　　　　　　　　C.7　　　　　　　　D.9

(7)新浪微博字数上限为(　　　)。

　　A.130　　　　　　　　B.140　　　　　　　　　C.150　　　　　　　D.120

(8)新浪微博注册默认(　　　)类型用户进行注册。

　　A.个人　　　　　　　　B.企业　　　　　　　　C.官方　　　　　　　D.公益团体

(9)微博的影响不包括以下哪项? (　　　)

　　A.活跃度　　　　　　　B.覆盖度　　　　　　　C.稳定度　　　　　　D.传播力

(10)转发质量较高的微博可以吸引更多的用户进行关注和互动,转发的比例控制在(　　　)比较好?

　　A.5%　　　　　　　　B.20%　　　　　　　　C.70%　　　　　　　D.40%

2. 多项选择题

(1)新浪微博粉丝属性包括(　　　)。

　　A.普通用户　　　　　　B.蓝 V　　　　　　　　C.达人　　　　　　　D.橙 V

(2)新浪微博主页显示基本数据有(　　　)。

　　A.转发数　　　　　　　B.关注数　　　　　　　C.粉丝数　　　　　　D.博文数

(3)每条新浪微博下方主页显示的基本数据有(　　　)。

　　A.阅读数　　　　　　　B.评论数　　　　　　　C.转发数　　　　　　D.点赞数

(4)新浪微博支持哪些类型用户进行注册? (　　　)

　　A.个人　　　　　　　　B.官方　　　　　　　　C.事业单位　　　　　D.企业

(5)新浪微博注册需要用到哪些信息? (　　　)

　　A.密码　　　　　　　　B.邮箱　　　　　　　　C.验证码　　　　　　D.银行卡

(6)新浪微博的认证类型包括(　　　)。

　　A.海外认证　　　　　　B.个人认证　　　　　　C.官方认证　　　　　D.学历认证

(7)新浪微博官方认证包括(　　　)。

　　A.政府　　　　　　　　B.媒体　　　　　　　　C.企业　　　　　　　D.其他

(8)新浪微博主页显示的基本数据包括(　　　)。

　　A.推广数　　　　　　　B.阅读数　　　　　　　C.评论数　　　　　　D.转发数

(9)新浪微博影响力分析包括(　　　)。

　　A.活跃度　　　　　　　B.覆盖度　　　　　　　C.传播力　　　　　　D.阅读数

（10）国外知名的微博平台为(　　)。

    A. Twitter   B. Facebook   C. Weibo   D. Sohu

3. 简述题

（1）什么是微博？

（2）微博有哪些优缺点？

（3）如何发起微博话题？

4. 趣味挑战题

接下来即将到来的促销推广主题是"元旦促销"，请以此为主题发布一条微博并进行推广。

项目 5
客户维护——邮件追击战

【项目综述】

　　广州因尔美服饰有限公司(以下称因尔美服饰,为虚拟公司)开发生产销售以欧美服饰为主的女装,消费群体为 25~35 岁追求独立个性的时尚女性。把握流行,但不同流! 不苟同于泛泛普通,只积极进取于独立不同,审美独特又易于接受,立志于展现个性、美丽、文艺的时装。

　　蔓蔓是电子商务专业毕业的学生,之前也做过淘宝客服,这次她应聘的是广州因尔美服饰有限公司的网络推广,工作地点离家近。由于之前已经接触过相关工作,因此对业务流程也比较容易上手。蔓蔓跟着黎经理学习,并跟进公司新推出的一批秋装推广活动。主要有维护客户关系、制作邮件、邮件营销推广等任务。

　　在这次调动的工作中,蔓蔓学到了更多关于 E-mail 营销推广的知识,学会了创建邮件列表,会使用电子邮件与公司新老客户沟通联系,知道如何收集顾客信息,掌握了制作邮件的方法与技巧,懂得如何发送邮件与对发送后的邮件进行跟踪处理,同时还学会了应用电子邮件进行营销推广。在工作完成后,黎经理给予蔓蔓很高的评价,蔓蔓觉得很开心,因为她的能力得到上司的认可与赞赏。

【项目目标】

知识目标

通过本项目的学习,应达到的具体目标如下:

◇理解电子邮件的概念、特点和类型。

◇掌握收集电子邮件地址的方法。

◇熟悉投放邮件广告的实施步骤。

能力目标

◇能够收集电子邮件地址。

◇能够熟悉电子邮件营销的实施流程。

◇可独立策划邮件广告投放。

素质目标

◇培养学生爱岗敬业的良好职业素养。

◇培养学生精益求精的工匠精神。

◇通过团队合作、小组讨论培养学生的团队合作精神。

◇培养学生创新能力、文字描述能力及沟通能力。

【项目思维导图】

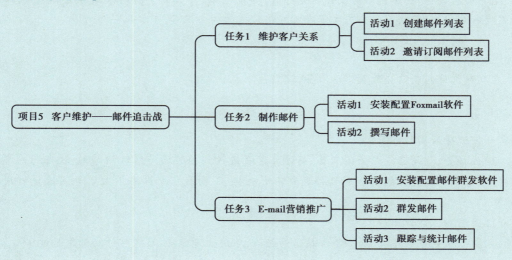

任务 1 》》》》》》》
维护客户关系

情境设计

广州因尔美服饰有限公司是皮衣、连衣裙、衬衫等产品的专业生产加工公司，拥有完整、科学的质量管理体系。恰逢公司近期推出几款女装新品，公司决定召开新品发布会。召开新品发布会的目的主要有两个：一是扩大品牌影响力；二是加强与公司新老客户的互动联系。蔓蔓非常熟悉客服工作，却没有任何推广活动的经验，因此她很虚心地向黎经理学习请教。黎经理先让她熟悉公司的工作流程及公司产品的基本情况。黎经理召开会议，详细说明这次推广活动的工作安排表，安排表中有论坛推广、邮件推广、广告推广等多种推广手段，而蔓蔓和同事小刘负责邮件推广。

任务分解

大多数人都有邮箱，却只有少数人知道邮箱可以用于营销推广。蔓蔓和同事小刘负责公司邮件推广业务，为此他们查阅了许多关于邮件推广的资料，最终觉得应用邮件列表进行邮件推广是一种不错的选择，于是他们商量决定创建邮件列表。本次任务主要分为两个活动：①创建邮件列表；②邀请订阅邮件列表。

活动 1　创建邮件列表

活动背景

广州因尔美服饰有限公司的新产品主要是皮衣、连衣裙、衬衫，价格、材料、款式都各不相同，主打款有 3 种。虽然因尔美服饰物美价廉，品质有保障，但由于前期推广力度不够大，品牌知名度和影响力有限，因此公司决定在邮件推广方面加大投入，扩大品牌影响力。

?? 想一想

在创建邮件列表前应该做哪些准备工作？

□　知识窗

如何选择好用的邮箱？

现代社会，邮箱已经是必备工具。不过大家在选择邮箱时还是得仔细斟酌。现在国内邮箱有很多，每个邮箱提供的功能和服务也都不太一样。下面我们就来告诉大家如何选择好用的邮箱。

1. 网易 163 免费邮箱

网易 163 免费邮箱有 20 多年邮箱运营经验，系统快速稳定，垃圾邮件拦截率超过 98%，邮箱容量自动翻倍，支持高达 3G 超大附件，提供免费网盘及手机号码邮箱服务。

2. QQ 邮箱

QQ 邮箱是腾讯公司 2002 年推出，向用户提供安全、稳定、快速、便捷电子邮件服务的邮箱产品，已为超过 1 亿的邮箱用户提供免费和增值邮箱服务，QQ 邮箱现在代收 Gmail 邮箱，还有账户通用。

3. Outlook 微软邮箱

Outlook 是 Microsoft 提供的免费个人电子邮件服务，其附带的强大组织工具可以帮助你的收件箱保持整洁，并且可以方便地与 OneDrive 和 Office Online 集成，与微软所有服务绑定。

以上只是列举了其中较为常用的 3 种电子邮件，如何选择一款合适的电子邮箱，可以从以下两点进行考量：

(1) 了解电子邮箱的服务功能；

(2) 选择适合自己的电子邮箱。

活动实施

步骤 1：确定 E-mail 营销的目的。

鉴于公司目前活跃会员数量不足，蔓蔓和小刘经过商量，一致认为此次创建邮件列表的主要目的是为公司增加粉丝，建立庞大而活跃的会员数据库，配合公司近期开展的新品上市活动有步骤地组织有影响力的推广活动。充分调动各种网络资源，尽力加大此次活动的影响力度，扩大影响范围，提升品牌认知度。

步骤 2：团队分工。

邮件列表推广前期工作涉及两个方面：一是创建邮件列表；二是邀请成员加入邮件列表，建立庞大的客户资源库，扩大品牌影响力。经过商量决定，蔓蔓负责创建邮件列表，小刘负责收集客户的邮箱地址等信息，为邀请成员加入邮件列表做准备。于是，他们俩分头准备。

步骤 3：创建邮件列表。

蔓蔓接到任务后，就开始动手创建邮件列表。她准备分步进行：第一步，申请网易邮箱，第二步：创建邮件列表。下面是蔓蔓操作的具体步骤：

（1）登录 https://mail.163.com，申请注册名为"yingxiaoEDM@163.com"的网易电子邮箱。

（2）创建邮件列表：邮箱注册成功后，登录邮箱，进入邮箱主页面，单击"创建邮件列表"（图 5.1.1）。

图 5.1.1　创建邮件列表

（3）进入创建邮件列表窗口，依次输入邮件列表（"yinermei"）、列表名称（"会员"），选择"列表分类"，输入"列表描述"等选项内容（图 5.1.2），然后点击"创建邮件列表"按钮，邮件列表创建完成（图 5.1.3）。

图 5.1.2　输入邮件列表的注册信息

图 5.1.3 邮件列表创建成功

活动评价

蔓蔓在接到任务后，积极主动与前辈小刘进行商量探讨，交流想法，并做了大量前期准备工作。蔓蔓虽然是一名新手，但做事认真负责，考虑周全，出色地完成了公司交办的任务，工作态度和能力也得到同事们的认可和领导的好评。

活动2 邀请订阅邮件列表

活动背景

广州因尔美服饰有限公司虽然建有公司网站，但功能比较单一，且疏于管理，目前拥有的客户资源有限。公司为改变现状，结合近期的新品发布会活动，决定邀请更多的客户加入公司订制的邮件列表，扩大品牌影响力。

?? 想一想

快速获取客户的 E-mail 地址的渠道有哪些？请举例说明。

▢ 知识窗

1. E-mail 营销概述

（1）E-mail 营销的概念

电子邮件营销是企业运用一定的软件技术和营销技术，以互联网为载体，以发送电子邮件的方式实施的，与用户及潜在用户进行沟通，实现企业经营战略的一种营销技术。

（2）许可 E-mail 营销的概念

在用户事先许可的前提下，通过发送电子邮件将新产品的广告信息传递给客户（会员）或潜在客户，从而通过推广邮件获得回报。掌握邮件列表的应用技术，将会大大提高信息传播的效率，同时也保证订阅信息的网民最大限度地保护个人隐私。

（3）E-mail 营销的类型

①按照是否经过用户许可分类，可分为许可 E-mail 营销（PEM）和未经许可的 E-mail 营销（UCE）。

②按照 E-mail 地址的所有权分类,可分为内部 E-mail 营销和外部 E-mail 营销,或称内部列表和外部列表。

③按照营销计划分类,可分为临时性 E-mail 营销和长期性 E-mail 营销。

④按照功能分类,可分为顾客关系 E-mail 营销、顾客服务 E-mail 营销、在线调查 E-mail 营销和 E-mail 产品促销等。

2.E-mail 营销的特点

(1)成本低廉;(2)操作简单;(3)覆盖范围广;

(4)互动性强;(5)提供个性化的服务。

3.E-mail 营销的功能

(1)品牌形象;(2)产品推广/销售;(3)顾客关系;(4)顾客服务;

(5)网站推广;(6)资源合作;(7)市场调研;(8)增强市场竞争力。

4.开展 E-mail 营销的一般过程

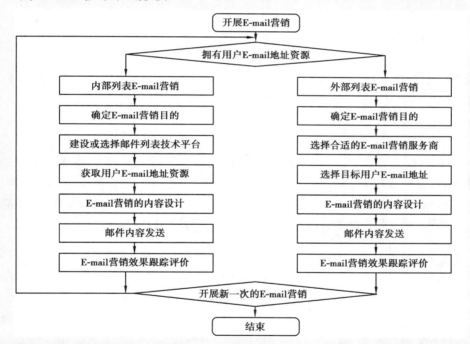

5.增加用户邮件地址的有效性

(1)尽量避免错误的邮件地址(请用户重复输入)。

(2)请求用户使用可以正常通信的邮件地址。

(3)鼓励用户更新 E-mail 地址(网站提醒,换工作)。

(4)对邮件列表地址进行必要的管理(清除无效用户名和已经终止服务的电子邮件)。

(5)对邮件被退回的过程有正确的了解并采取措施。

活动实施

步骤1：获取客户的 E-mail 地址。

互联网电子
邮件服务管
理办法

小刘在接到收集客户 E-mail 地址任务后，马上分析公司目前所拥有的 E-mail 营销资源(内部列表)，建立电子台账，并将公司拥有客户的 E-mail 资源地址纳入邮件地址电子台账。小刘了解到公司本身所拥有的用户邮件地址不是很多，只有 1 000 多人，于是，他们决定先获取用户的邮件地址，操作如下：

(1)在公司网站上设置推广功能——会员注册(会员注册时的用户名就是邮箱或者注册信息里含有邮箱地址)。

(2)合理挖掘现有用户资源。

①通过用户填写个人电子邮件地址的专题促销活动、研究报告等重要资料有奖调查。

②专门通过电子邮件提供在线优惠券。

(3)邮件列表的订阅，为邮件列表提供多订阅渠道(内外结合)。

(4)向朋友同行推荐。

(5)争取邮件列表服务商的推荐(针对第三方发行平台，在主要页面进行重点推广)。

步骤2：邀请好友加入邮件列表。

小刘通过不懈努力，终于收集到数量可观的客户 E-mail 地址，并建立了客户 E-mail 台账。接下来，小刘找到蔓蔓，他俩向这些客户邮箱逐一发送邀请加入信函，时刻关注客户加入动态情况，以便及时调整策略。以下是他们具体的操作步骤：

(1)添加成员：邮件列表创建完成后，进入第二步"添加成员"。在邮箱主界面，点击"通讯录"，在左窗口选择"邮件列表"，点击右窗口的"邀请"(图5.1.4)，在弹出的对话框中，依次输入邮件地址(可以手工输入，也可以从通讯录中选取，邮箱地址输入一个或多个均可)、邀请语、验证码等内容(图5.1.5)，最后点击下方的"邀请好友"，系统会自动发出邀请函。

图 5.1.4 邀请好友

(2)好友确认邀请函：好友收到邀请邮件后，打开邀请邮件，点击"同意加入该邮件列表"(图5.1.6)即可加入该邮件列表。

(3)查看邮件列表成员：登录邮件列表，即可查看已加入该邮件列表所有成员(图5.1.7)。

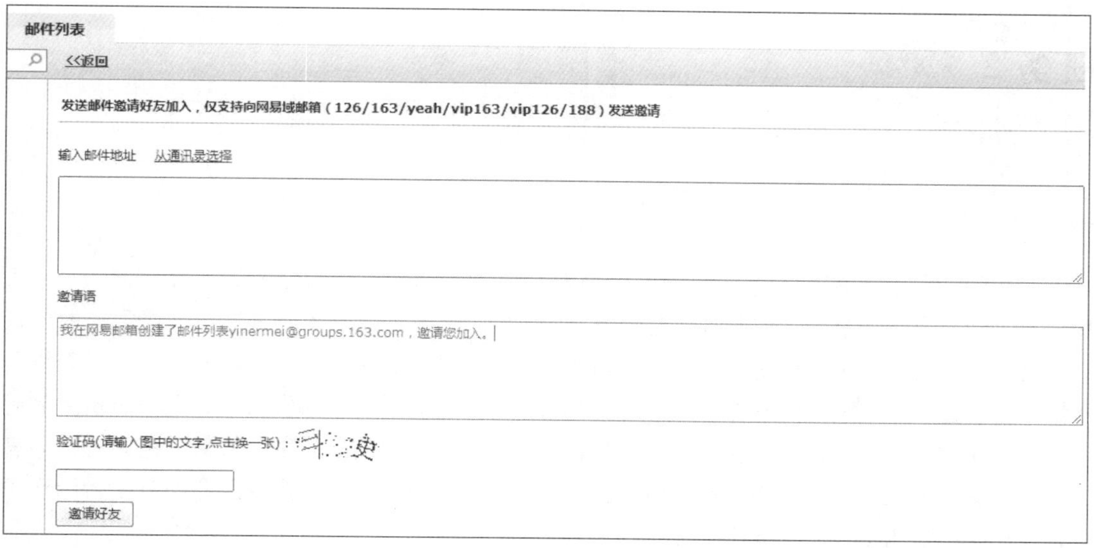
邮件列表
<<返回
发送邮件邀请好友加入，仅支持向网易域邮箱（126/163/yeah/vip163/vip126/188）发送邀请
输入邮件地址　从通讯录选择
邀请语
我在网易邮箱创建了邮件列表yinermei@groups.163.com，邀请您加入。
验证码(请输入图中的文字,点击换一张)：
邀请好友

图 5.1.5　填写邀请加入邮件列表相关信息

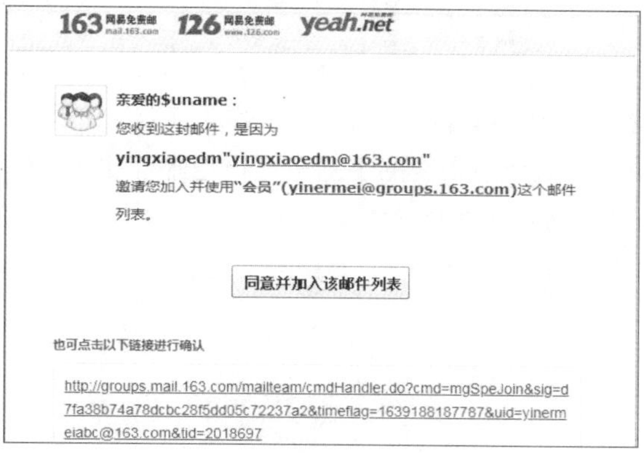
163
126
yeah.net
亲爱的$uname：
您收到这封邮件，是因为
yingxiaoedm"yingxiaoedm@163.com"
邀请您加入并使用"会员"(yinermei@groups.163.com)这个邮件列表。
同意并加入该邮件列表
也可点击以下链接进行确认
http://groups.mail.163.com/mailteam/cmdHandler.do?cmd=mgSpeJoin&sig=d7fa38b74a78dcbc28f5dd05c72237a2&timeflag=1639188187787&uid=yinermeiabc@163.com&tid=2018697

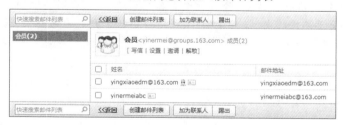

图 5.1.6　点击同意并加入该邮件列表

快速搜索邮件列表
<<返回
创建邮件列表
加为联系人
踢出
会员(2)
会员<yinermei@groups.163.com> 成员(2)
[写信 | 设置 | 邀请 | 解散]
姓名
邮件地址
yingxiaoedm@163.com
yingxiaoedm@163.com
yinermeiabc
yinermeiabc@163.com

图 5.1.7　查看邮件列表成员

活动评价

小刘为收集到更多的客户 E-mail 地址想了很多办法，在整合公司内部客户资源的同时，还通过各种途径积极挖掘外部客户资源，为后期邀请成员加入公司邮件列表奠定坚实基础。也正是通过小刘和蔓蔓的通力合作，公司的活跃客户数由原来的 1 000 多人猛增到 3 000 多人，效果显著，工作业绩得到公司领导的认可与表扬。

任务 2 》》》》》》》
制作邮件

情境设计

广州因尔美服饰有限公司网站的功能比较简单，主要是公司介绍、产品介绍、购买、售后服务等，网站上有一个会员注册区，有用户 1 000 多人，但是由于疏于管理，已经很长时间没有向会员发送过信息了。蔓蔓和小刘前期创建了公司的邮件列表，积极邀请成员加入，效果还不错。为了进一步巩固推广成果，公司结合近期即将开展的女装新品发布会，进一步扩大品牌影响力，建立品牌形象，同时也为了提升新品发布会新老客户的参与度，公司决定为邮件列表的用户发送一份关于新品发布会的邀请函。为节约成本，公司决定不找专业的服务平台制作邮件，而是让小刘和蔓蔓完成此项任务。

任务分解

邮件一般由主题、称呼、正文和附件 4 个部分组成，其中主题是邮件的眼、正文是邮件的主体。邮件撰写要求主题要明确、语言要流畅、内容要简洁、结构要完整。了解完上述内容后，蔓蔓和小刘商量后决定，由经验丰富的小刘负责拟定邮件主题、制作邮件模板及撰写邮件内容；蔓蔓负责下载安装 Foxmail 软件及配置 Foxmail 账号。本次任务主要分为两个活动：①安装配置 Foxmail 软件；②撰写邮件。

活动 1　安装配置 Foxmail 软件

活动背景

通过前期的邮件列表推广活动，公司的新老客户日益增多，公司各部门与客户的邮件往来也更加频繁。为了便于邮件收发、归档等操作，畅通公司与客户的沟通桥梁，选择一款便捷高效的邮件管理软件显得尤为重要。

?? 想一想

目前市面上常用的邮件管理软件有哪些？请举例说明。

🔲 知识窗

常用的 5 种 PC 端邮件客户端软件：

随着网络的不断便捷，我们的生活和工作方式也在不断地变化。如今我们联络基本上很少使用电话短信，而是用微信，因为后者免费且方便快捷；比如以前书信联络，现在也被电子邮件取代，目前这种方式依旧在我们工作和生活中经常使用。比如我们工作客户往来确认邮件，传输比较重要的文档都会用到电子邮件。

我们一般习惯通过什么方式收发邮件？①直接登录 Web 网页端收发邮件；②使用 PC 端邮件客户端。在此介绍 5 种常见且值得选择的 PC 端邮件客户端软件。

1. Foxmail

Foxmail 邮件客户端软件是中国著名的软件产品之一，中文版使用人数超过 400 万，英文版用户遍布 20 多个国家，名列"十大国产软件"，被太平洋电脑网评为五星级软件。2005 年 3 月 16 日被腾讯收购。新版 Foxmail 具备强大的反垃圾邮件功能。它使用多种技术对邮件进行判别，能够准确识别垃圾邮件与非垃圾邮件，是一款简洁、高效、专业的邮件管理专家。

2. 网易邮箱大师

网易邮箱大师是来自网易旗下的产品，高效强大的全平台邮箱客户端，支持所有平台：iOS、Android、Windows、MAC；支持一个大师账号管理你的所有邮箱客户端；支持一键添加所有邮箱：163、126、QQ 邮箱、Gmail、Hotmail、新浪邮箱等主流个人邮箱，更有超过 1 000 000 种企业邮箱。

3. Outlook

Outlook 是微软办公软件套装的组件之一，它对 Windows 自带的 Outlook Express 的功能进行了扩充。Outlook 的功能很多，可以用它来收发电子邮件、管理联系人信息、记日记、安排日程、分配任务。

4. 阿里邮箱客户端

阿里邮箱客户端是一款十分不错的办公邮箱客户端，它是一个支持多运营商的邮件平台，拥有高效的大规模数据处理与存储应用，为用户提供了云端存储、邮件发送、垃圾邮件过滤、手机验证码双重认证等多种功能，有 PC 端和手机端 App 支持，基本上是全平台的。

5. Thunderbird

Thunderbird 是一款免费的电子邮件应用程序，配置简单，定制自由。支持 Windows 客户端，以及浏览器插件扩展模式。

活动实施

步骤 1：挑选合适的邮件管理软件。

目前，市面上可供选择的邮件管理软件很多，如微软的 Outlook、国产的 Foxmail 等，它们各有各的优点。蔓蔓为了选择合适的邮件管理软件，主动向公司经常收发邮件的前辈请教，经过对比，发现 Foxmail 软件非常不错，高效专业，简洁易用，关键还特别符合人的使用习惯，蔓蔓决定选用 Foxmail 软件。

步骤 2：下载安装 Foxmail 软件及配置 Foxmail 账号。

蔓蔓是个行动派女生，想好就开始行动。具体操作步骤如下：

(1)下载并安装 Foxmail 软件：安装完成后，双击打开 Foxmail 软件，弹出对话框(图 5.2.1)。

(2)新建 Foxmail 账号：单击图 5.2.1 的"腾讯企业邮"，弹出"腾讯企业邮"二维码对话框(图 5.2.2)，微信扫码即可进行 Foxmail 软件界面(图 5.2.3)。

图 5.2.1 新建 Foxmail 账号   图 5.2.2 "腾讯企业邮"二维码

图 5.2.3 Foxmail 软件界面

（3）Foxmail 账号配置：单击 Foxmail 软件界面右上角图标，在弹出的对话框中选择单击"账号管理"（图 5.2.4），接着在"系统设置"中进行 Foxmail 账号配置（图 5.2.5），选择"账号"，然后将"E-mail 地址"修改为因尔美服饰有限公司邮箱地址：yingxiaoEDM@163.com，"显示名称"修改为"因尔美服饰"，"发信名称"修改为"因尔美服饰有限公司客服"，其他设置默认，最后点击"确定"完成 Foxmail 账号配置。

图 5.2.4　Foxmail 账号管理

图 5.2.5　Foxmail 账号配置

活动评价

下载安装 Foxmail 软件和配置 Foxmail 账号，操作相对简单，但蔓蔓并没有因为简单就有所懈怠。作为一名新人，她积极请教，多方了解，最后挑选到一款符合公司员工使用习惯且高效专业、简单易用的 Foxmail 邮件管理软件。她一丝不苟的工作态度也为同事和领导留下深刻的印象。

活动2　撰写邮件

活动背景

　　因尔美服饰有限公司新推出几款女装新品,计划近期搞一期新品发布会。鉴于新冠肺炎疫情的散发态势,不宜搞大规模的聚集活动,公司决定举行线上的新品发布会。为了给新老客户更多的福利,同时也为扩大品牌影响力、营造氛围,公司决定向新老客户发送邮件,诚意邀请新老客户参加此次线上新品发布会。

?? 想一想

　　撰写邀请函有哪些注意事项?

▢ 知识窗

　　如何提高邮件的阅读率?

　　1.邮件主题应提供收件人感兴趣的信息

　　目前邮件主题设计中常见的问题:邮件没有主题、邮件主题过于简单或者过于复杂、邮件主题信息不明确、邮件主题信息不完整、邮件主题没有吸引力。

　　2.正文应体现"个性化"广告信息并选择合适的形式

　　设计营销邮件时应注意以下问题:

　　(1)突出公司的 LOGO;

　　(2)将最重要的信息设计在邮件预览框中;

　　(3)运用不同颜色来强调重点;

　　(4)使用统一字体;

　　(5)简洁明了、突出重点;

　　(6)使用图片作为补充;

　　(7)切勿在图片中嵌入正文;

　　(8)行文排版、巧用空行;

　　(9)选择最佳的邮件格式;

　　(10)发件人信息应清晰明确。

　　3.准确地称呼收件人

　　注意避免企业电子邮件成为垃圾邮件:一是取得客户的许可;二是邮件中的信息必须是对用户有用的。具体做法包括:

　　(1)在收集用户电子邮箱地址时,要明确告知用户此举的目的;

　　(2)随时允许用户通过邮件中的链接按钮来更新订阅信息和退出列表;

　　(3)企业的现有客户应该成为邮件营销的主要对象;

　　(4)为用户定制有价值的信息;

　　(5)确保"一对一"的个性化营销;

　　(6)及时响应客户的合理要求;

　　(7)跟进退回的邮件,及时删除无效的邮箱地址;

　　(8)避免在收件人栏和抄送栏上出现多个邮箱地址。

活动实施

步骤 1：设计邮件模板。

邀请函是发送给新老客户的，邀请函设计是否美观，内容是否得体，关乎公司的形象。小刘接到任务后，一刻也不敢松懈，马上查资料，请教设计部的同事，然后就开始构思如何设计出一款大方美观的邮件模板。准备好相关素材，小刘就开始动手设计。

（1）双击运行 Foxmail 软件，进入主界面后，单击"写邮件"下面的按钮，选择"模板管理"（图 5.2.6），弹出"模板管理"对话框（图 5.2.7）。

图 5.2.6　选择邮件的"模板管理"

图 5.2.7　"模板管理"对话框

（2）在"模板管理"对话框（图5.2.7）中，选择"HTML邮件"，然后单击右下角的"设计新信纸"，在弹出的"设计信纸"对话框中依次设置"信纸背景"，点击"添加顶部图片"，点击"添加底部图片"，进行顶部图片和底部图片的添加，如图5.2.8所示（顶部和底部图片素材要提前准备），最后点击"保存"即可完成新信纸的设计（图5.2.9）。

如何撰写一封得体的电子邮件

图5.2.8　设计新信纸

图5.2.9　设计好的新信纸

步骤2：撰写邀请函。

（1）撰写邮件主题及内容。

发送邀请函是为了邀请更多的新老客户前来参加线上新品发布会，其主要目的是提高品牌影响力，树立品牌形象。为此，小刘经过思考将主题定为："因尔美您值得拥有——诚邀您参加因尔美服饰女装新品发布会！"接着撰写邮件内容，插入图片、文字和网页的超链接（图5.2.10）。

（2）主题、内容编辑完毕后，小刘将事先拟定的客户邮箱地址导入"收件人"地址框，点击"发送",邮件发送成功(图5.2.11),然后就跟踪统计客户的回复。

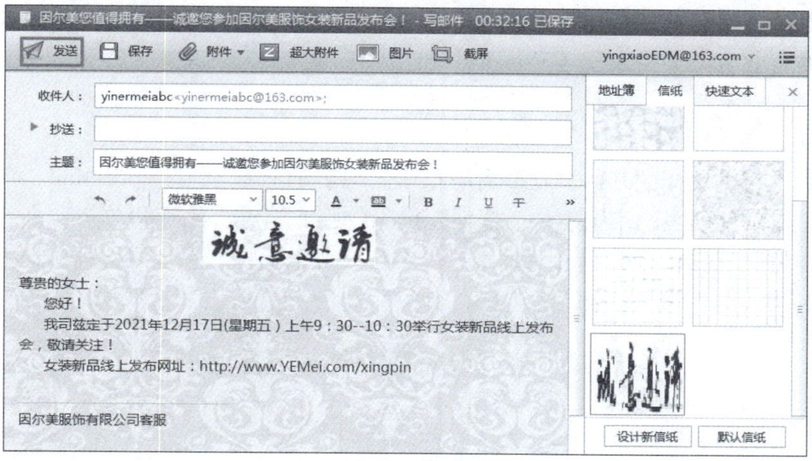

图 5.2.10　撰写新邮件

图 5.2.11　发送邮件

活动评价

　　蔓蔓和小刘掌握了制作电子邮件的知识,能够熟练制作电子邮件。这次制作的电子邮件还比较简单,主要是公司为了节省成本,如果要制作更精美、更专业的电子邮件,可请专业的服务平台,当然这是要收取一定费用的。

任务 3 »»»»»»
E-mail 营销推广

情境设计

　　广州因尔美服饰有限公司,为了在"双11"之前进行公司产品促销,公司营销人员计划将E-mail营销作为重点策略之一。公司在网络营销方面并没有多少经验,因此这次活动计划将广州作为试点城市,仅选择部分满足营销定位的用户发送 E-mail 广告。这次推广主要是品牌宣传。

公司内部的网络营销资源非常有限，小刘和蔓蔓经过商量，跟领导请示后，获得领导的同意，决定借助专业服务平台来发送 E-mail 广告。

任务分解

目前市面上可供选择的邮件群发平台有很多，主流的有亿业科技、U-Mail、双翼邮件群发软件等，经过对邮件列表的市场定位、报价和提供的服务等进行比较和分析，小刘和蔓蔓决定借助双翼邮件群发软件进行 E-mail 营销推广。本次任务主要分为 3 个活动：①安装配置邮件群发软件；②群发邮件；③跟踪与统计邮件。

活动1　安装配置邮件群发软件

活动背景

"双 11"是一年一度的购物狂欢节，因尔美服饰自然不会错过这么好的机会，为了能在"双 11"期间达到促进销售、提升 20% 业绩、增加收益的目的，公司加大宣传力度，决定委派蔓蔓和小刘负责 E-mial 营销业务。

?? 想一想

邮件群发平台的操作流程是怎样的？

📖 知识窗

如何选择一款优质邮件群发平台？

邮件营销是通过向客户邮箱发送推广邮件进行营销，邮件营销推广被广泛应用在大部分商业活动中。因为邮件营销不仅成本低廉，还拥有精准性高、针对性强，营销效果好的特点，使营销邮件逐渐成为推广营销的重要渠道。在邮件营销中，首要的任务就是选择一款让人放心的邮件营销平台，一款好的邮件营销平台可以帮助你解决很多需要操心的问题，那么如何了解邮件营销平台是否可以让人放心呢？

1. 邮件群发平台的送达率

如今邮件营销被越来越多的企业所使用，利用邮件群发可以精准、快速地将推广信息发送给客户。但是比较头疼的是，现如今各大电子邮件服务商出于提高用户体验等原因，对发出的邮件做出了各种限制，增加了营销邮件被拦截的概率。所以选择邮件群发平台最基本的就是要保证营销推广邮件能够第一时间准时送达到用户的邮箱（即邮件的送达率），只有这样才可以有效提高邮件营销的效果。

2. 邮件群发平台的安全性

邮件营销的过程中，客户邮件地址以及信息数据的安全是非常重要的。在邮件群发平台中，拥有自动备份功能是比较重要的，可以对邮件地址等数据进行备份，以防企业员工操作失误或者恶意删除邮件，还可以给邮件添加标签，给每一封邮件打上独特的邮件标志，能有效地提高邮件的安全性。在不引起大量投诉的前提下，可以为客户邮件保驾护航，让营销邮件群发更加畅通无阻，从而达到更好的邮件营销效果。

3.邮件群发平台的数据统计

邮件群发平台的后台数据统计功能也很重要,如查看用户是否打开邮件、打开邮件次数、点击率等。除了基础的数据统计,还可以查看用户是从哪个邮箱服务商打开的邮件、访问邮件时长等数据。可以根据数据统计分析调整邮件营销的策略,筛选优质客户,提升邮件营销的效果。

4.邮件群发平台的变量/个性化

随着邮件群发平台的普及,用户也会收到各式营销邮件,能在众多的营销邮件中脱颖而出,达到更好的发送效果,邮件的差异化就显得至关重要。邮件群发平台的变量功能是为客户发送邮件达到差异化的重要手段。让客户看到的是一对一发送的邮件,跟使用普通邮件发送在显示上没有区别,同时还可以自定义变量。在营销邮件内容当中,针对客户爱好、潜在需求等数据,提供针对性的营销邮件内容,当客户收到邮件时,即使不是客户所需要的,也会让客户有一种你在用心了解他,可以增加客户的好感度,提高邮件点击率以及转化率。

邮件群发平台除了拥有以上功能,还拥有专业人员设计的邮件模板供大家选择,帮助想要进行邮件营销推广的企业进行高速运作。

活动实施

小刘和蔓蔓通过大量调查比较,觉得双翼邮件群发软件非常优秀,决定使用双翼邮件群发软件作为群发邮件的首选工具,为尽快熟悉此款软件操作方法与流程,他们动手下载并安装双翼邮件群发软件,并尝试配置群发邮件账户。

步骤 1:下载安装双翼邮件群发软件。

小刘和蔓蔓打开计算机,下载双翼邮件群发软件(1AND1 MAIL 邮件群发机),下载完成后就进行软件安装。

步骤 2:建立发送账户。

软件安装好后,他们就开始商量怎样建立发送账户,并进行了以下操作:

(1)配置发送账户:双翼邮件群发软件安装完成后,进入"建立 SMTP 发送邮件向导"界面,然后开始添加账户信息。

第 1 步:填写"电子邮件地址",如"yingxiaoEDM@163.com"。

第 2 步:填写"密码",注意不是填写邮箱的登录密码,而是填邮箱的客户端授权码(客户端授权码获取方法:登录网易邮件→点击"设置"→选择"POP3/SMTP/IMAP"→开启"IMAP/SMTP 服务"→按提示一步一步操作即可获取邮箱客户端授权码)。

第 3 步:填写"账户名称",系统自动获取,无须修改。

第 4 步:填写"邮件中采用的名称",这是收件人收到邮件显示的名称,因此将设置为公司名称"因尔美服饰"(图 5.3.1)。

(2)设置邮件服务器:设置完发件邮箱信息后,接下来就设置邮件服务器,因为前面选用的是网易邮箱"yingxiaoEDM@163.com",所以这里只需将 STP 服务器设置成"smtp.163.com"即可(图 5.3.2)。

(3)账户测试:设置完邮件服务器后,接下来就是进行"账户测试",如果设置正确,系统提示"账户测试成功"(图 5.3.3);如果测户不成功,也可以点击"为什么失败"按钮查看。

（4）设置发送策略：账户测试成功后，紧接着小刘等人就开始设置发送策略，主要是设置发送延时和发送数量限制两项参数（图5.3.4）。

图5.3.1　填写发件邮箱信息

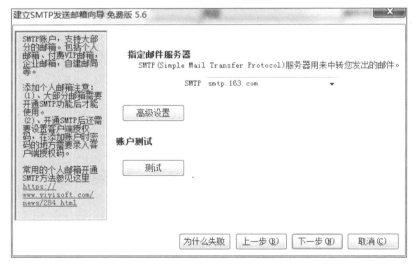

图5.3.2　设置邮件服务器

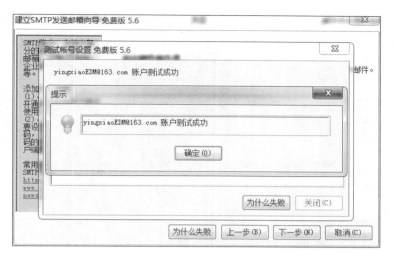

图 5.3.3　账户测试

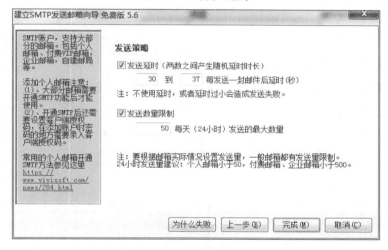

图 5.3.4　设置发送策略

步骤 3：添加收件人地址。

蔓蔓和小刘接到公司分配的任务后，就商量好准备向哪些客户发送 E-mail 营销广告邮件，并提前收集这些客户的邮箱地址等信息(客户邮箱地址信息建议使用电子表格制作，并将其保存为"．csv"格式)(图 5.3.5)。接下来，他们就要批量将客户邮箱地址导入系统(邮件地址导入方式有两种：批量导入和单个添加)，以备后用(图 5.3.6)。

序号	Email	姓	名	全名
1	1729744423@qq.com	陈	*仪	陈*仪
2	1209925058@qq.com	陈	*仪	陈*仪
3	1428813802@qq.com	陈	*智	陈*智
4	2456913902@qq.com	陈	*晴	陈*晴
5	1013501936@qq.com	陈	*滢	陈*滢
6	760987984@qq.com	范	*君	范*君
7	1142828718@qq.com	何	*澄	何*澄
8	2115304752@qq.com	黄	*仪	黄*仪
9	2947524185@qq.com	黄	*琳	黄*琳
10	2506636845@qq.com	黄	*圆	黄*圆

图 5.3.5　客户邮箱地址信息

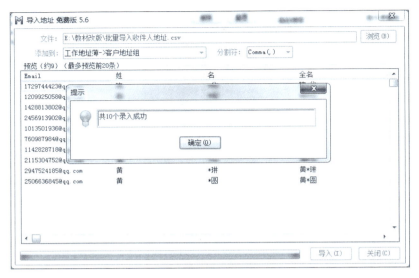

图 5.3.6　批量导入收件人地址

活动评价

　　蔓蔓和小刘在接到任务后，主动出击，多方对比，彼此交流想法，结合公司实际情况，选择简单易用且专业高效的邮件群发软件，并制订了详细的邮件群发方案。他们俩从摸索阶段慢慢进入熟练操作，知识和能力都得到显著提升，也更有信心做好这次推广活动。

活动2　群发邮件

活动背景

　　因尔美服饰计划在"双11"购物狂欢节回馈长期以来大力支持和关注公司发展的新老客户，投入大量的人力物力，充分利用 E-mail 进行营销宣传推广，扩大品牌影响力、树立业界口碑，从而完成提升 20% 的营销业绩。为此，小刘和蔓蔓需要商讨制订具体的营销邮件撰写方案及群发策略。

?? 想一想

　　蔓蔓等人需要为此次的 E-mail 营销推广做哪些准备工作？

▱ 知识窗

　　如何撰写营销推广邮件？

　　如果说邮件标题是营销邮件的外表，那么邮件的正文就是营销邮件的内在。一个有吸引力的邮件标题可以吸引客户打开邮件，而一个有质量的正文则可以实现客户转化。所以，编写好邮件的正文是提高客户转化率的关键。

营销推广邮件最好做到以下几点：

(1)邮件主题行越短越好；

(2)突出表明你能提供的价值；

(3)关键词要首先亮相；

(4)个性化的邮件主题行；

(5)一定要让主题行言简意赅。

邮件主题要言简意赅，通常应该在邮件主题中给予较明确的提示信息或概括性内容。邮件群发时要注意将邮件主题设置得多变一些，有很多平台都是通过在邮件主题中设置多个变量，既可以使邮件更具个性化，更容易赢得读者专属关注，又能够使邮件更富有针对性，这样做的目的是减少被邮箱服务商列为垃圾邮件。

邮件主题行一定要及时明确地传达能为读者带来什么，而引起兴趣的关键是能为读者提供东西，对他们真正有所帮助。无论你提供的是打折的机会，还是免费服务，总之要在主题行开门见山地有所表达。

避免长篇大论，内容尽量精简，必要时可以加入适当的图片，图文并茂的正文，会让客户更加有阅读的兴趣，从而提高邮件群发的客户转化率，满足邮件营销的个性化需求。

活动实施

蔓蔓和小刘经过学习，了解到 E-mail 营销推广一般包括 3 个环节：

中国互联网
协会反垃圾
邮件规范

步骤 1：选择合适的邮箱地址(即确定营销推广对象)。因尔美服饰专注女性服饰的研发与生产，做工精致，用料上乘，品质保质，款式新颖，引领时尚潮流，定位是 25～35 岁有一定经济基础的知识女性。这一方面，小刘和蔓蔓做了大量的调研工作，并拟定了一份详细的推广对象名单，详情见活动——批量导入的收件人地址。

步骤 2：撰写 E-mail 营销推广文案，即邮件的具体内容。这一环节，小刘和蔓蔓非常重视，因为他们深知推广文案关乎此次 E-mail 营销推广活动的成败，因此两人分头去请教公司负责销售的专业人士，从中了解到邮件的标题很关键。因为标题是邮件的眼睛，对于宣传我们的产品或活动至关重要。如果标题不够吸引人，目标客户群可能就不去看你的邮件，甚至有可能直接将邮件删除。所以标题内容要让目标客户群知道这是他们所关心的内容。蔓蔓和小刘商量决定采用"双 11 脱单季——告别单身小时代"作为邮件标题，一来符合定位对象的年龄特质；二来可以勾起他们无限遐想和激发购物激情。敲定了标题，下一环节就是撰写主体邮件内容。邮件内容该怎么写呢？ 蔓蔓和小刘觉得，内容要简洁明了，让目标客户一看就知道是做什么的，字数不宜太长，控制在 200～300 字。敲定方案后，两人就动手撰写邮件内容，详情如图 5.3.7 所示。

确定了邮件主题，准备好邮件内容后，蔓蔓和小刘打开双翼邮件群发软件，建立群发任务，为了彰显个性化服务，他们还利用软件提供的"插入宏"功能在称呼前加上收件人全名(图 5.3.8)，编辑完成后，效果如图 5.3.9 所示。

步骤 3：发送邮件。蔓蔓和小刘做事非常细致，为了保证营销效果，他们对文案再一次仔细核对，检查无误后，还进行了邮件测试操作(图 5.3.10)，待测试通过后才开始发送邮件给目标客户群。

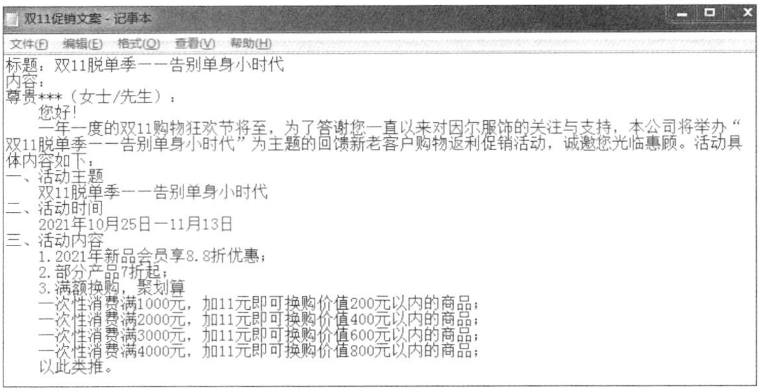

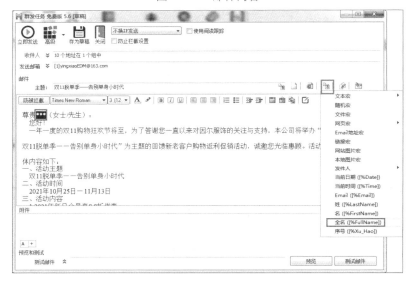

图 5.3.7　邮件内容

图 5.3.8　撰写"邮件内容"

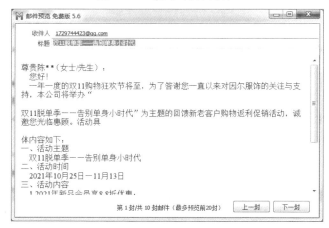

图 5.3.9　邮件预览

图5.3.10 邮件发送测试成功

活动评价

蔓蔓和小刘勤奋好学，经过一番学习了解，他们已经熟悉 E-mail 营销推广的操作流程及注意事项，懂得如何规避 E-mail 营销推广陷阱，也使他们更加明白制订工作方案的重要性。他们做事细致，考虑周全，顺利完成本次 E-mail 营销推广任务，工作能力得到显著提升。

活动3 跟踪与统计邮件

活动背景

蔓蔓和小刘前期已经根据公司制订的 E-mail 营销推广方案将邮件推送给目标客户群，接下来他们还需要进一步跟踪统计群发邮件的阅读量与点击情况，评估此次推广活动的营销效果，以便调整下一步的营销推广策略。

??想一想

邮件跟踪主要跟踪和统计哪些指标？它对今后制订营销推广计划有哪些帮助？

知识窗

1. 邮件群发类型

目前常见的邮件群发类型有以下3种：邮件群发软件、邮件代发平台以及自架邮件群发系统。这3种方式各有特色。其中邮件群发软件最大的优点就是便宜，虽然便宜，但这类所谓的邮件群发软件是最不推荐大家使用的，因为它对群发的准确性和及时性都完全无法保证。自架邮件群发系统最大的优点就是邮件群发的每一个步骤都在用户本人的掌握之中。此外，如果用户需要的话，自架系统的安全性、稳定性等方面都能做到很好。但是自架系统最大的问题是成本，少则几十万多则上百万元的成本是很多用户接受不了的。在这两种方式之间折中的就是邮件代发了。邮件代发平台是指运营商建立服务器群组、网络带宽资源、网络 IP 地址等，给客户提供邮件投递服务。它既不像邮件群发软件效率那么低，也不像自建邮件群发系统成本那么高，一个邮件代发平台的好与坏主要是看资源是否强大，对准确度和效率的保证如何。

2. E-mail 营销的评价指标

（1）获取和保持用户资源阶段的评价指标：有效用户总数、用户增长率、用户退出率等。

（2）邮件信息传递的评价指标：送达率、退信率等。

（3）用户对信息接收过程的指标：开信率、阅读率、删除率等。

（4）用户回应评价指标：直接收益、点击率、转化率、转信率等。

3. 影响 E-mail 营销效果的主要因素

（1）外部因素

①垃圾邮件泛滥；

②网络病毒传播；

③新的应用技术不断更新；

④用户不断变化的信息需求；

⑤邮件服务商的屏蔽技术。

（2）内部因素

①邮件编写质量；

②用户定位；

③邮件列表管理和维护；

④用户隐私权的维护；

⑤营销计划的系统性；

⑥稳定的后台技术；

⑦企业对 E-mail 营销的信心。

4. 跟踪与监测电子邮件营销效果

（1）邮件列表注册转化率。邮件列表注册转化率即完成电子杂志注册人数与访问网站的独立 IP 人数之比。测量方式是参考网站流量统计中的独立 IP 人数，提交电子杂志注册表格后所显示的确认网页次数，以及电子杂志数据库中最终完成双重选择加入的总人数。

$$\frac{确认页面显示次数}{独立 IP 数}=注册转化率（这不是最终注册转化率）$$

$$\frac{电子杂志数据库中总人数}{独立 IP 数}=电子杂志转化率（最终）$$

（2）退订率。订阅用户点击邮件中的退订链接后，其电子邮件地址将从数据库中删除，电子邮件营销系统后台应做相应记录。退订率在 20% ~30% 是不太正常的，营销人员需要审查自己的邮件内容是否太高调、太商业化？是否发生邮件次数过多？文章是否对用户有益？

（3）邮件送达率。

$$发送邮件总数-接收到的退还邮件数目=送达邮件数$$

注：发送邮件总数通常是数据库中的订户数。

送达邮件数/发送总数=送达率

送达率显示邮件已进入用户邮箱的比例，但却无法衡量用户看到邮件的真实情况，在实践中，邮件的打开率或阅读率比送达率更有意义。

（4）邮件打开率/阅读率。邮件打开率（或称阅读率）直接表明用户真正打开邮件的比例。

测量方法：

①在邮件 HTML 版本中嵌入一个大小为 1Px×1Px 的跟踪图片文件。

②每封邮件的跟踪图片文件名都需使用不同的名称。

当用户打开邮件，邮件客户端就会调用位于网站服务器上的这个跟踪图片文件，从而知道相应邮件被阅读的次数。

和网站访问一样，这个文件调用还可以分为独立 IP 调用次数和总调用次数。

注意：打开率(阅读率)代表邮件信息展现在用户面前的比例，但是并不一定能代表用户真的认真读了邮件内容。若用户因为某种原因只能显示成纯文本邮件，这样的阅读次数从技术上是没有办法进行统计的。

(5)链接点击率。邮件营销人员不可避免地会适当推广自己的产品或服务，形式就是提供一个指向自己相应网页的链接，吸引用户点击链接来到网站，产生销售。

注意：邮件中的链接不能是普通的 URL，如果在邮件中放入普通 URL，营销人员将无法把来自电子邮件的点击与直接在地址栏输入 URL 或从浏览器书签访问网站区别开来。在网站流量统计中，这些访问都是没有来路的，都被算作直接流量。

(6)直接销售率。通常的做法是在每一次发送的邮件链接里给予一个特定的 ID，凡是电子邮件带来的销售数字都会被记录。具体的原理和做法需参考联署计划。

活动实施

步骤 1：选择合适跟踪与统计指标。

为了能够正确评估营销推广效果，为下一步调整营销推广计划做准备，邮件群发后，蔓蔓和小刘就开始商量如何进行邮件跟踪与统计。为此他们选定了以下几个监测指标：

①邮件送达率；　　　　　②邮件退信率；　　　　　③邮件阅读率；

④点击率；　　　　　　　⑤反馈率；　　　　　　　⑥转化率。

步骤 2：进行邮件跟踪，统计监测数据。

(1)邮件发送测试成功后，进入"发送邮件环节"，在图 5.3.8 中点击"立即发送"，系统开始自动发送邮件，等全部邮件发送完毕后，点击"已发送"即可查看邮件发送情况(图 5.3.11)。

图 5.3.11　查看邮件发送情况

(2)发送完成后，接下来就是等待目标客户群的反馈。小刘和蔓蔓根据之前选定的指标进行邮件跟踪监测，并及时调整 E-mail 营销推广策略，最终顺利完成公司下达的营销目标(图 5.3.12)。

注：由于本教材使用的版本是免费试用版，统计监测数据功能需要付费购买才能启用，在

此不作演示，具体操作请参考"邮件阅读跟踪统计"。

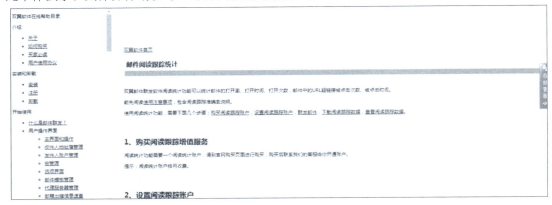

图 5.3.12　邮件阅读跟踪统计操作教程

活动评价

给客户发送电子邮件是企业网络营销人员的一项常规工作。而企业的客户数量大，如果仅靠人工一封一封地发送邮件，效率非常低。因此，学习和掌握一些邮件群发平台使用的方法和技巧，会大大提高邮件发送的速度。E-mail 营销活动结束后，小刘和蔓蔓吃惊地发现，在进行E-mail 营销期间，公司网站的日平均访问量比上个月增加了 3 倍多。

项目总结

企业开展 E-mail 营销需要投入一定的人力、物力和财力，因此，必须对 E-mail 营销的效果进行测评，以保证企业投入与产出的平衡。通常，对 E-mail 营销的评价需要对相应指标进行测算，并深入分析影响营销效果的内在与外在因素。

素质提升

随着市场经济的发展，企业为社会提供了越来越多的产品，极大地丰富了市场，满足了消费者的需求，21 世纪电子商务将成企业基本模块，网络营销必将成为企业成功生产经营、营销的必备手段之一，企业进行网络营销时应该以遵守以下道德准则：

（1）网络营销行为应当符合：网络、电子商务、广告法、知识产权相关法律法规的有关规定。

（2）符合社会主义精神文明建设的需要，有利于维护社会公共秩序和树立良好的社会风尚，弘扬健康民族文化。

（3）尊重妇女和有利于儿童的身心健康，并正确引导大众消费。不适合未成年人的商品和服务，不应使用未成年人的形象和名义制作广告。

（4）尊重互联网用户知情权和选择权，维护网络用户的正当权益，不得利用信息的不对等而进行错误的引导。

（5）对商品或者服务的功效、性质和条件等内容有表示的，应当准确、客观，且能够被科学的方法所证实，不得有任何夸大；涉及商品的成分、含量及其他数据、统计资料的，应当提供有效的证明文件。

（6）公平的方式开展竞争，不得利用网络广告进行不正当的市场营销，或干扰、损害他人合法的广告活动。

（7）尊重他人的劳动及知识产权，不得设计、制作在商品和服务的功能、承诺等方面使人误解的广告，尊重他人的劳动与知识产权。

（8）认真履行广告与行为的审查义务。网络广告中使用代言人的，应遵守各类广告法律、法规和行业自律守则的要求。

（9）网络广告经营者和发布者在提供软件安装服务时，应明确提示用户并经用户许可，反对强制或欺瞒安装，反对无法卸载或恶意删除。坚决反对恶意广告弹出、恶意捆绑、窃取用户信息等恶意软件行为。

（10）网络营销服务者七做到：①及时快速地维护客户网站，并利用相关营销技术规避；②不误导或伤害客户网站访问者；③绝不泄漏客户文档；④不有差别地对待客户；⑤不给客户不切实的承诺；⑥保证客户信息不被公开；⑦尽最大努力提升或保持客户网络营销成绩。

（11）自觉接受社会监督，加强行业自律。

项目实训

实训背景：某灯饰有限公司是中山市一家研发生产LED灯的民营企业，自建厂以来，公司秉承以构建和谐社会、弘扬中国传统文化、展现中国传统文化工艺为核心理念，致力打造成中国景观灯先驱企业。恰逢春节来临之际，公司特别推出一系列LED灯笼、LED中国结灯、LED节日装饰灯、LED中国鼓灯等新品。为了拓展业务，进一步提高产品的知名度，公司决定采用邮件推广方式来增加品牌知名度，同时利用邮件群发软件发布LED灯笼、LED中国结灯等产品的促销活动信息，增加产品营销效益。

实训任务描述及任务分工：

将全班分成4个小组，每个小组商量组名及口号。

第1小组：在FLBOOK注册账户并创建一份介绍本公司研发生的LED灯笼及LED中国结灯等系列产品的电子杂志。

第2小组：收集公司客户的电子邮箱，建立客户电子邮箱台账。

第3小组：注册网易163邮箱，创建邮件列表，邀请客户加入。

第4小组：下载安装双翼邮件群发软件，利用双翼邮件群发软件发布圣诞礼品促销信息，跟踪统计E-mail营销效果。

实训评价：

实训评价表

组别 \ 指标	是否完成（10分）	完成质量（25分）	完成时间（5分）	团队合作（10分）	汇报情况（50分）	得分
第1小组						
第2小组						
第3小组						
第4小组						

项目检测

1. 单项选择题

（1）某同学以 xinxin 为用户名在新浪网注册的电子邮箱地址应该是（　　）。

　　A. xinxin@ sina. com　　　B. xinxin. sina. com　　　C. xinxin. sina@ com　　D. sina. com@ xinxin

（2）在撰写邮件时，在收件人对话框的"收件人"栏中（　　）。

　　A. 只能输入一个人的收件地址

　　B. 只能输入多个人的收件地址

　　C. 既可以输入一个人的收件地址又可以输入多个人的收件地址

　　D. 只能输入收件人的姓名

（3）要将一封电子邮件同时发送给几个人，可以在收件人栏中输入他们的地址，并用（　　）分隔。

　　A. "　　　　　　　　　B. 。　　　　　　　　C. ，　　　　　　　　D. ／

（4）关于发送电子邮件，下列说法中正确的是（　　）。

　　A. 你必须先接入 Internet，别人才可以给你发送电子邮件

　　B. 你只有打开了自己的计算机，别人才可以给你发送电子邮件

　　C. 只要有 E-mail 地址，别人就可以给你发送电子邮件

　　D. 别人只要接入了 Internet，就可以给你发送电子邮件

（5）要给某人发电子邮件，必须知道他的（　　）。

　　A. 电话号码　　　　　　　B. 家庭地址　　　　　　　C. 姓名　　　　　　　D. E-mail 地址

（6）在发送电子邮件时，在邮件中（　　）。

　　A. 只能插入一个图形附件　　　　　　　　　B. 只能插入一个声音附件

　　C. 只能插入一个文本附件　　　　　　　　　D. 可以根据需要插入多个附件

（7）某用户要发送一封电子邮件，操作界面如图所示，这封邮件中已添加的附件个数是（　　）。

　　A. 1　　　　　　　　　B. 2　　　　　　　　C. 3　　　　　　　　D. 4

（8）小明写了一份研究性学习结题报告电子文档，投稿前就稿子审阅修订问题需要与身在国外留学的叔叔进行较长时间的交流。你认为小明应该采用的较合理的信息交流方式是（　　）。

　　A. 电报　　　　　　　　B. 电话　　　　　　　C. 书信　　　　　　　D. 电子邮件

（9）小名要将已完成的语文第二至三章的练习共两个文件，通过电子邮件发给语文老师，

她可采用的最简捷方法是(　　　)。

　　A. 将两个文件分别作为邮件的附件，一次发送出去

　　B. 将两个文件放入"英语作业"文件夹，再将"英语作业"文件夹作为附件，一次发送

　　C. 将两个文件压缩打包为一个文件，作为邮件的附件发送

　　D. 将两个文件分别作为两个邮件的附件分别发送

(10) 根据上述定义，下列属于有效的 E-mail 营销的一项是(　　　)。

　　A. 小王 2002 年成为某品牌产品的会员，入会期满一年后，小王决定退会，但他在网上进行退会操作没有成功，该产品还继续发来信息

　　B. 小李在某门户网站注册了免费邮箱，注册时注明愿意接收有关医疗保健和体育比赛方面的信息，使用邮箱后，该网站经常向他的邮箱发送包括医疗保健和商品折扣方面的信息

　　C. 小赵曾经给某厂商留下地址，希望对方免费邮寄相关资料，后来他收到一封电子邮件，没有发件人姓名、地址、身份，标题是"产品目录"，他以为该邮件有病毒，没有打开就将其删除了

　　D. 小高收到一封邮件，标题为"免费赠卡，直接消费"，打开后，发现收件人一栏只有一个地址，但却不是自己的邮箱地址，他感到大惑不解

2. 多项选择题

(1) 以下增加内部列表获得用户的方法是(　　　)。

　　A. 向朋友推荐　　　　　　　　　　B. 在网址上注册会员

　　C. 订阅邮件列表　　　　　　　　　D. 给留下地址的用户发放奖品

(2)《中国互联网协会反垃圾邮件规范》所称垃圾邮件，包括的属性有(　　　)。

　　A. 收件人事先没有提出要求或同意接受的广告、电子刊物、各种形式的宣传品等宣传性的电子邮件

　　B. 隐藏发件人身份、地址、标题等信息的电子邮件

　　C. 含有虚假的信息源、发件人、路由等信息的电子邮件

　　D. 收件人无法拒收的电子邮件

(3) 以下哪些是避免被当作垃圾邮件的技巧？(　　　)

　　A. 选择适当主题　　　　　　　　　B. 注意标题

　　C. 响应用户退出邮件的要求　　　　D. 请求加入白名单

(4) E-mail 营销效果的评价指标包括(　　　)。

　　A. 获取用户资源阶段的评价指标　　B. 邮件信息传递评价指标

　　C. 用户对信息接收过程的指标　　　D. 用户回应评价指标

(5) E-mail 营销的特点是(　　　)。

　　A. 成本低廉　　　　　　　　　　　B. 互动性强

　　C. 提供个性化的服务　　　　　　　D. 操作简单

(6) 设计营销邮件时应注意以下哪些问题？(　　　)

　　A. 简洁明了、突出重点　　　　　　B. 行文排版、巧用空行

　　C. 突出公司的 LOGO　　　　　　　D. 使用统一字体

(7) E-mail 营销的功能有(　　)。

    A. 品牌形象　　　　　　B. 增强市场竞争力　C. 顾客服务　　　　　D. 产品推广/销售

(8) 邮件信息传递的评价指标有(　　)等。

    A. 送达率　　　　　　　B. 用户增长率　　　C. 退信率　　　　　　D. 转化率

(9) 邮件列表的常见形式包括(　　)。

    A. 电子刊物　　　　　　B. 新闻邮件　　　　C. 顾客定制信息　　　D. 新产品通知

(10) 常见的邮件群发类型有(　　)。

    A. 邮件群发软件　　　　　　　　　　B. 邮件代发平台

    C. 自架邮件群发系统　　　　　　　　D. 电子邮件

3. 简述题

(1) 电子邮件推广有什么特点?

(2) 设计电子邮件标题时要注意什么?

(3) 如何评价电子邮件营销的效果?

4. 趣味挑战题

为某企业撰写 3 封营销邮件:陌生拜访邮件、服务回访邮件、邀请函(必做)。

要求:选择一个企业、一项活动或一类产品来进行设计,邮件发到老师邮箱。

项目 6

知名度提升——搜索排名战

【项目综述】

深圳市绿油油蔬菜有限公司(虚拟公司)是一家拥有上千亩蔬菜基地的专业化送菜集团公司。每天送货上门的蔬菜保证新鲜，且无烂叶、无黄叶、无泥沙，卫生、安全、无污染。公司十分重视管理，实行"一对一"的服务，满足顾客需求。送菜员工的工资奖金与客户的满意程度挂钩，实行"包退包换"，且不耽误做餐的时间，做到"让客户花最少的钱吃最好的菜"的承诺。为让更多人知道这个品牌，以便购买新鲜蔬菜，享受至上的服务，公司决定广而告知，提高知名度，要求广告部做出推广方案。

杨云是电子商务专业的应届毕业生，在该公司广告部实习半年多，跟着马部长熟悉网络推广等业务。接到推广任务后，马部长立刻召开会议商量策略。杨云认为，现在大多数消费者购物很喜欢在搜索引擎上检索，因此只要能出现在页面靠前的链接就比较容易获得点击，提高知名度的最好方法就是实施搜索排名战略，马部长比较认可该观点，经讨论后决定利用搜索排名提高知名度并决定让杨云带着刘星、赵悦完成此次任务。

杨云在同事们的指导协助下顺利完成任务，收获很多，更深入地了解到什么是竞价排名，如何登录搜索引擎和获取友情链接，学会了利用问答推广商品。此次推广活动中，杨云表现出色，顺利通过实习考核，并以优秀的评定直接转为正式员工。

【项目目标】

知识目标

通过本项目的学习,应达到的具体目标如下:

◇ 理解搜索引擎、搜索引擎营销、竞价排名的含义。

◇ 掌握搜索引擎登录的含义、操作流程。

◇ 掌握友情链接交换和问答推广法的操作流程。

能力目标

◇ 能够使用登录搜索引擎的方法,使企业网站及时被收录。

◇ 能够使用竞价排名法推广企业网站。

◇ 能够获取网站友情链接。

◇ 能够熟练掌握问答推广方法。

素质目标

◇提升学生的信息素养和数据分析能力。

◇培养学生的劳动意识和追求卓越的职业精神。

◇提高学生的表达沟通能力、团队合作精神和竞争意识。

【项目思维导图】

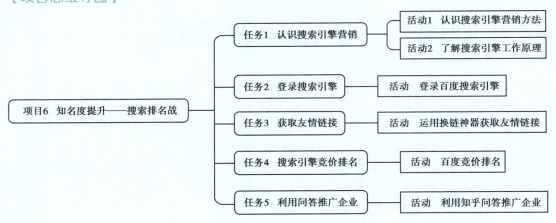

任务 1 》》》》》》》
认识搜索引擎营销

情境设计

马部长接到公司推广任务后，马上召开工作会议，会上大家各抒己见，杨云提出利用搜索引擎排名进行推广，提高企业知名度。他认为目前搜索引擎的力量巨大，网民使用率高，只要公司网站能够出现在各大搜索引擎上，而且处在搜索页面靠前的位置，那么公司网站被点击的概率就会大很多，企业和商品信息也有更多机会呈现在消费者面前，从而达到推广的目的。会上大家对杨云的建议进行讨论，最后一致通过。马部长安排杨云担任此次推广活动的小组长，由其带领刘星、赵悦完成搜索引擎排名推广任务。

任务分解

杨云虽然是电子商务专业的学生，学习过搜索引擎，但还是缺乏实战经验，对有些知识理解不是很透彻，于是他请教了马部长。马部长指出利用搜索引擎排名需要做好知识储备。本次任务主要分为两个活动：①认识搜索引擎营销的方法；②了解搜索引擎营销的工作原理。

活动 1　认识搜索引擎营销方法

活动背景

搜索引擎有很多种,排名法也有很多种,必须根据公司需要和经济实力,选择合适的网络推广方法。杨云带着刘星、赵悦了解主流的搜索引擎以及常见的搜索引擎营销方法。

??想一想

杨云等人应该怎样做才能找到适合公司的搜索引擎排名战略?

□ 知识窗

搜索引擎是指根据一定的策略、运用特定的计算机程序从互联网上采集信息,在对信息进行组织和处理后,为用户提供检索服务,将检索的相关信息展示给用户的系统。搜索引擎是工作于互联网上的一门检索技术,它旨在提高人们获取搜集信息的速度,为人们提供更好的网络使用环境。从功能和原理上搜索引擎大致被分为全文搜索引擎、元搜索引擎、垂直搜索引擎和目录搜索引擎四大类。搜索引擎发展到今天,基础架构和算法在技术上都已经基本成型和成熟。

活动实施

步骤 1:认识常见的搜索引擎。

杨云觉得必须选择强大的搜索引擎才能达到事半功倍的效果,于是和刘星、赵悦分头查阅资料,利用互联网检索,最后把目标锁定在以下 3 个搜索引擎中,对它们进行了深入的了解。

(1)百度

百度(图 6.1.1)是 1999 年底于美国硅谷创建的,2000 年底百度回国发展。百度信息库拥有一万亿张以上的网页,并且还在以每天几十万页的速度快速增长。百度搜索引擎具有高准确性、高查全率、更新快以及服务稳定的特点。

图 6.1.1　百度搜索引擎

(2)360 搜索

2012 年 8 月 16 日,奇虎 360 推出综合搜索。360 搜索(图 6.1.2)主要包括新闻搜索、网页搜索、微博搜索、视频搜索、MP3 搜索、图片搜索、地图搜索、问答搜索、购物搜索,通过互联网信息的及时获取和主动呈现,为广大用户提供实用和便利的搜索服务。

(3)神马搜索

神马搜索(图 6.1.3)是专注移动互联网的搜索引擎,致力于为用户创造方便、快捷、开放的移动搜索新体验。神马是一支创业团队,由知名的移动浏览器 UC 优视与中国互联网行业领军企业阿里巴巴共同发起组建,并由来自微软、百度、360 等国内外 IT 公司的资深员工所组成。

图 6.1.2 360 搜索引擎

图 6.1.3 神马搜索

步骤 2：认识搜索引擎营销方法。

杨云等人了解到搜索引擎营销（SEM）是一种基于搜索引擎平台而开展的新型网络营销方式，利用人们对搜索引擎的依赖和使用习惯，在人们检索信息时将企业信息传递给目标用户。

搜索引擎营销的基本思路是让用户发现信息，并通过点击进入网页，进一步了解所需要的信息。杨云等人发现企业通过搜索引擎付费推广，让用户可以直接与公司客服进行交流，从而实现产品交易。

搜索引擎营销方法主要包括 4 种，分别是搜索引擎登录、搜索引擎优化、竞价排名、联盟推广。杨云在例会上介绍了这 4 种方法。

（1）搜索引擎登录

网站建设好后，首要之事就是立刻让搜索引擎知道有这么一个网站诞生，及早登录，给予搜索引擎足够的时间来认识你的新网站。

（2）搜索引擎优化

搜索引擎优化（SEO）是一种免费营销方式，通过对网站进行优化设计，使得网站信息在搜索结果中靠前展现（图 6.1.4）。 SEO 主要包括网站内容优化、关键词优化、外部链接优化、内部链接优化、代码优化、图片优化。

图 6.1.4 SEO

（3）竞价排名

竞价排名服务是指广告主为自己的网页购买关键字排名，按点击付费的一种广告服务。广告主通过调整每次点击付费价格，控制自己在特定关键字结果页中的排名，并通过设定不同的关键字捕捉不同类型的目标访问者。

（4）联盟推广

联盟推广是一种能够精准投放的联盟广告，收费模式分为按点击和按展现量收费。联盟推广三要素包括广告主、联盟会员和联盟营销平台。广告主按照联盟推广的实际效果（如销售额、引导数、点击数等）向联盟会员支付合理的广告费用，节约营销开支，提高营销质量。联盟会员则通过网络联盟推广管理平台选择合适的广告主并通过播放广告主广告提高收益，同时节约大量的联盟推广销售费用，轻松地把网站访问量变成收益。百度联盟是国内著名的联盟推广平台之一(图6.1.5)。

搜索引擎市场发展现状

图6.1.5　百度联盟

活动评价

杨云等人通过学习快速了解到当下主流的各大搜索引擎平台，掌握了搜索引擎营销方法，为开展后期的推广工作打下了坚实的理论基础。

活动2　了解搜索引擎工作原理

活动背景

所有搜索引擎都显示用户输入的查询词，并且允许在搜索结果页面上编辑或重新输入一个新的查询词。搜索结果来自搜索引擎的主索引库，是按照复杂算法得出的相关性及受欢迎程度排序的，在百度搜索引擎上做推广，基本上是每点击一下付费一次，费用情况根据关键词的热门情况而定。在做搜索引擎推广之前，需要了解搜索引擎的工作原理。杨云他们通过互联网查询资料，了解搜索引擎的工作原理。

?? 想一想

杨云等人如何了解学习搜索引擎的工作原理？

□ 知识窗

搜索引擎的工作原理

搜索引擎工作原理非常复杂，大致可以分为4个阶段：爬行、抓取、预处理、排名。具体介绍如下。

第一阶段：爬行。搜索引擎是通过一种特定规律的软件跟踪网页的链接，从一个链接爬到另一个链接，像蜘蛛在蜘蛛网上爬行一样，因此被称为"蜘蛛"，也被称为"机器人"。搜索引擎"蜘蛛"的爬行被输入了一定的规则，它需要遵从一些命令或文件的内容。

第二阶段：抓取存储。搜索引擎是通过"蜘蛛"跟踪链接爬行到网页，并将爬行的数据存入原始页面数据库。其中的页面数据与用户浏览器得到的 HTML 是完全一样的。搜索引擎"蜘蛛"在抓取页面时，也作一定的重复内容检测，一旦遇到权重很低的网站上有大量抄袭、采集或者复制的内容，很可能就不再爬行。

第三阶段：预处理。搜索引擎将"蜘蛛"抓取回来的页面进行各种步骤的预处理：①提取文字；②中文分词；③去停止词；④消除噪声（搜索引擎需要识别并消除这些噪声，比如版权声明文字、导航条、广告等）；⑤正向索引；⑥倒排索引；⑦链接关系计算；⑧特殊文件处理。

第四阶段：排名。用户在搜索框输入关键词后，排名程序调用索引库数据，计算排名显示给用户，排名过程与用户直接互动。但是，由于搜索引擎的数据量庞大，虽然能达到每日都有小的更新，但是一般情况下，搜索引擎的排名规则都是根据日、周、月的阶段性进行不同幅度的更新。

活动实施

步骤1：杨云在搜索框输入"深圳蔬菜配送"等字样，搜索结果如图6.1.6所示。认真查看搜索结果，思考影响排名的因素。从搜索结果中杨云发现排在最前面的是三则搜索引擎广告信息，然后是百度地图关于深圳蔬菜配送中心的信息，接着是一些深圳蔬菜配送相关企业的信息。

图6.1.6　百度"深圳蔬菜配送"搜索

步骤2：杨云搜索了"蔬菜配送公司""深圳蔬菜配送中心"等关键词，发现每次搜索结果不尽相同，其中有两则搜索引擎广告信息和百度爱采购信息多次出现，但出现的位置也是变化的。

步骤3：杨云通过互联网查阅搜索引擎工作原理相关资料，学习、理解搜索引擎工作原理，并进行了总结。当用户在搜索引擎界面输入关键词，点击"搜索"按钮之后，搜索引擎程序开始对搜索词进行以下处理：分词处理、根据情况对整合搜索是否需要启动进行判断、找出错别字和拼写中出现的错误、把停止词去掉；接着搜索引擎程序便把包含搜索词的相关网页从索引数据库中找出，而且对网页进行排序，最后按照一定格式返回到"搜索"页面。在这一过程中最核心的部分是搜索结果排序，它决定了搜索引擎的质量好坏及用户满意度。实际搜索结果排序的因子很多，但最主要的因素之一是网页内容的相关度。影响相关性的主要因素包括关键词常用程度、词频及密度、关键词位置及形式、关键词距离、链接分析及页面权重 5 个方面。

活动评价

　　杨云等人通过此次活动，对各大搜索引擎有了深入的认知与了解，明白了搜索返回结果的原理，为下一步学习登录搜索引擎和竞价推广打下了基础。

任务 2 »»»»»»»
登录搜索引擎

情境设计

　　杨云等人觉得公司的网站刚上线，目前最重要的就是让各大搜索引擎收录公司的网站。3 个人讨论后决定立即实施搜索引擎登录推广方法。于是请示了马部长，马部长觉得可行，要求杨云、刘星和赵悦先亲身体验，学会如何登录搜索引擎，再教会其他同事。杨云等人的想法得到肯定和支持，于是非常高兴地开始了工作。

任务分解

　　杨云等人需要解决企业网站被收录的问题，需要主动向搜索引擎推荐企业网站，方法就是登录搜索引擎。本次任务的活动是登录百度搜索引擎。

活动　登录百度搜索引擎

活动背景

　　用户输入一个搜索关键词或者短语，单击搜索按钮后，搜索引擎就在这些页面上展示搜索的结果。在搜索结果的排名越高，通过搜索获得的访问量就越大。杨云希望公司网站能显示在这个页面上。首先，他们要学会如何登录搜索引擎进行推广，于是他们选择通过各大搜索引擎的站长工具来进行实践。

?? 想一想

　　杨云等人如何让企业网站被百度搜索引擎收录呢？

▢ 知识窗

　　各大搜索引擎都有自己的站长平台，致力于为网站管理人员提供一个与搜索引擎交互的平台。

　　1. 百度搜索资源平台（原名百度站长平台）

　　百度站长平台是全球最大的面向中文互联网管理者、移动开发者、创业者的搜索流量管理的官方平台。提供有助于搜索引擎抓取收录的提交和分析工具，SEO 的优化建议等。网站管理者在百度站长平台验证网站后，可借助站长平台实现：

①更易被百度收录。大批量向百度推送希望收录的数据,网站将更容易被百度收录,无论新增和删除数据,都将更快地被百度所知道。

②百度官方数据。查询网站在百度的准确数据,便于对网站流量是否异常、搜索引擎是否友好进行分析。

③搜索结果个性化展示。通过使用站点子链、官网出图、结构化数据等工具,使得网站在百度搜索结果页获得更为个性化的展示,获取更多流量。

④流量异常快速反馈。通过反馈中心快速反馈网站问题,随时跟踪处理进度,快速得到解决。

⑤新闻源申请与管理。资讯类站点或频道可在站长平台申请加入新闻源,新闻源站点可通过站长平台了解收录情况,反馈问题,接收相关消息提醒。

⑥App与搜索流量打通。移动开发者可通过 AppLink 等产品将搜索用户转化为自身用户,打破 App 的封闭性,更易获取用户。

2.360 搜索站长平台

360 搜索站长平台(原名好搜搜索站长平台)是 360 搜索开放的免费官网认证服务平台,任何有官网认证需求的网站,只需通过 360 搜索开放平台接口,提供相关的网站备案信息,即可在 360 搜索结果页免费获得明显的官网认证标识。360 搜索站长平台的上线将为广大站长提供一个公平、开放的搜索引擎平台,同时也为网站的流量来源打开一个全新的入口。

活动实施

步骤1:注册百度站点管理平台,点击"添加网站"(图6.2.1)。

图 6.2.1　百度站点管理平台

步骤2:选择合适的协议头 http://或 https://,输入企业网站的网址(图6.2.2)。

图 6.2.2　输入网址

步骤3：根据实际情况设置站点属性(图6.2.3)。

图6.2.3 选择站点属性

步骤4：选择合适的方式验证对企业网站的所有权，该步骤需要企业网站开发人员协助(图6.2.4)。

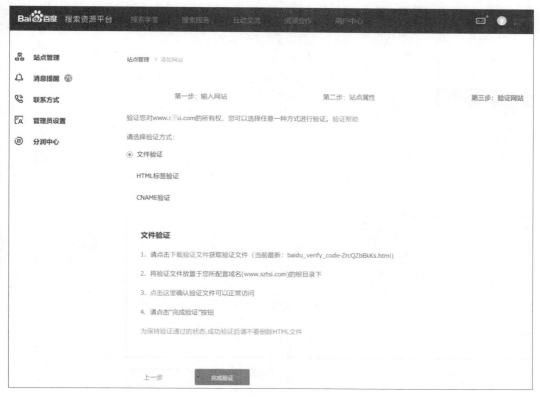

图6.2.4 验证网站

步骤5：验证完成后，打开"搜索服务"→"资源提交"→"普通收录"页面，如图6.2.5所示。点击"普通收录"→"资源提交"→"sitemap"提交网站地图，网站地图一般由开发人员生成命名为sitemap. xml的文件，如图6.2.6所示。在网站运营的后期，如果网站更新了内容，通过"资源提交"→"普通收录"→"手动提交"提交页面链接，页面如图6.2.7所示。

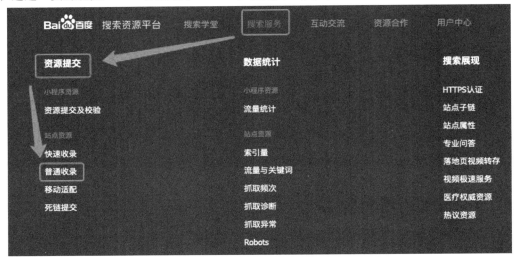

图6.2.5 普通收录页面路径

图6.2.6 提交网站地图页面

图 6.2.7 手动提交

百度站点管理平台中不仅有"普通收录"和"快速收录"功能，还有"死链提交"功能，这是一个非常人性化的设计。搜索引擎是一个智能机器人，但它很繁忙，如果网站发生了变化(新增或删除网页)，及时告知搜索引擎可以减少搜索引擎的工作量，同时搜索引擎对网站也会更加重视。这跟日常学习和工作中的待人之道是一致的，真诚待人，有同理心，能够获得珍贵友情。

百度快速收录与普通收录的区别

活动评价

通过实践，杨云等人学会了利用搜索引擎站长平台来促使搜索引擎快速收录公司网站。他们很高兴自己又学会了一项本领，也对自己越来越有信心。马部长再一次表扬了他们，希望他们再接再厉。

任务 3 》》》》》》》》
获取友情链接

情境设计

杨云等人学会登录搜索引擎后，想让网站更容易被消费者发现，打算利用友情链接提高网站的知名度。他们认为一个好的网站，就一定有许多其他网站主动链接它，增加友情链接不失为一个优化的好方法。

任务分解

搜索引擎希望收录受大众欢迎的网站，并以获得链接的数量作为一个重要参数。为了获取更多的链接，可以采取与有相同客户群体的网站交换链接，交换链接可以是互惠互利免费互换链接，也可以是付费购买友情链接。本任务的活动是运用换链神器获取友情链接。

活动　运用换链神器获取友情链接

活动背景

网站之间的资源合作是互相推广的一种重要方法，其中最简单的合作方式为交换链接。

杨云等人准备采用具有一定互补优势的网站之间的简单合作形式，在自己的网站上放置对方网站的 Logo 或网站名称，并设置对方网站的超级链接，使得用户可以从合作网站中发现自己的网站。

?? 想一想

杨云等人如何获取友情链接呢？

□ 知识窗

1. 友情链接的概念

友情链接也称网站交换链接、互惠链接、互换链接、联盟链接等，是指在自己的网站上放置对方网站的 Logo 图片或文字的网站名称，并设置对方网站的超链接，达到互相推广的目的。

2. 交换链接的作用

获得访问量，增加用户浏览时的印象，增加在搜索引擎排名中的优势，通过合作网站的推荐增加访问者的可信度等。

活动实施

步骤 1：讨论友情链接方式和技巧。

杨云等人先分析了友情链接方式，总结归纳为以下 3 种：

（1）站内相关页面的友情链接，包括友情链接和站内相关文章的友情链接。

（2）站内相关栏目的友情链接，例如新闻栏目的链接。例如，网络新闻，就要找相关的栏目，包括其他网站的相关栏目，只要是绝对相关的栏目，就可以相互链接。

（3）相关网站主页和内页的链接。比如其他网站主页和您的内页相关，那么就可以链接。

杨云等人发现无论采用哪种方式，都需要讲究一些技巧：

①链接数量。随着交换链接的不断操作，合作者名单会越来越多，这是好现象。不过，要将合作者的质量（访问量、相关度等）作为互换链接的重要参数。

②不同网站 Logo 的风格及下载速度。交换链接有图片链接和文字链接两种主要方式，如果采用图片链接，由于各网站的标志千差万别，即使规格可以统一，但是图片的格式、色彩等与自己网站的风格很难协调，这便影响网站的整体视觉效果。

③回访友情链接伙伴的网站。同搜索引擎注册一样，交换链接一旦完成，也具有一定的稳定性。不过，还是需要做不定期检查，也就是回访交换链接伙伴的网站，避免遗漏链接、关闭链接和失效链接，当自己的网站有什么重大改变，也应该及时通知对方。

④不要链接无关的网站。无关的链接对自己的网站没有什么正面的效果，反而降低了那些高质量网站对你的信任，影响网站的声誉。

步骤2：利用换链神器软件获取友情链接。

杨云等人发现目前有很多创建友情链接的软件和平台，可以提高链接数量，比较分析后决定采用换链神器平台。

（1）下载并安装换链神器，打开并注册用户，使用用户名和密码登录（图6.3.1）。

图6.3.1 换链神器登录界面

（2）登录后，进入首页，点击"我的网站"→"添加网站"，把自己的网址输入进去（图6.3.2）。

图6.3.2 添加网站

（3）单击"添加网站"，弹出对话框，完善内容（图6.3.3）。

（4）单击"互换大厅"，选择想互换链接的网站，申请交换，完成互换链接（图6.3.4）。

交换友情链接是互惠互利的商业行为，当我们网站发生重大改版，应保留原有的友情链接，若不适合保留，应告知交换链接伙伴，做一个讲信用的人。

图 6.3.3　"添加网站"对话框

图 6.3.4　申请交换

活动评价

　　在活动过程中，杨云等人意识到信息的共享与合作隐藏了巨大的财富，从中学会了利用换链神器获取友情链接。任务完成了一大半，大家都很高兴，他们决定继续努力，做最后的冲刺。

任务 4 》》》》》》》
搜索引擎竞价排名

情境设计

　　登录搜索引擎和交换友情链接任务已经完成，但公司网站的流量提升不明显，杨云等人觉得还需要增加一些措施，3 个人讨论后决定尝试搜索引擎竞价推广方法，并仔细研究了竞价推广的收费形式和关键词挖掘方法。他们请示马部长，马部长觉得可以尝试，要求他们每天总结经验，根据排名情况及时调整出价。杨云等人的想法得到肯定和支持，于是非常高兴地开始了工作。

任务分解

杨云等人需要解决企业网站排名靠前的问题，使网站显示在搜索结果的第一个页面上，最快的方法就是竞价排名。竞价排名是一种付费的推广方式，本任务的活动是百度竞价排名。

活动　百度竞价排名

活动背景

杨云认为目前的信息满天飞，瞬息万变，一不留神，网站在搜索引擎页面就排到很后了，要想排名靠前，找到强大的搜索引擎，设置好关键词还不够，还得采用付费的方式使企业网站出现在搜索页面的靠前位置，至少在第一二页。

?? 想一想

杨云等人如何使公司网站排名靠前呢？

🔲 知识窗

1. 竞价排名

竞价排名，是一种按效果付费的网络推广方式，能够有效提升企业销售额和品牌知名度。

竞价排名的基本特点是按点击付费，广告出现在搜索结果中（一般是靠前的位置）如果没有被用户点击，不收取广告费。在搜索引擎营销中，竞价排名的优点如下：

①按效果付费，广告费用相对较低。

②广告出现在搜索结果页面，与用户检索内容高度相关，精准营销。

③竞价广告出现在搜索结果靠前的位置，容易引起用户的关注和点击，因而效果比较显著。

④搜索引擎自然搜索结果排名的推广效果是有限的，尤其对于自然排名效果不好的网站，采用竞价排名可以很好弥补这种劣势。

⑤广告主可以自己控制广告价格和广告费用。

⑥广告主可以对用户点击广告情况进行统计分析。

竞价排名虽然有很多优点，但也有缺点。首先，竞价排名只能是暂时性的措施，推广期间排名能够靠前，但是一旦停止付费，所有由竞价排名带来的流量就会消失。其次，竞价排名可能会遭遇竞争对手的恶意点击，广告费用被消耗。

2. 关键词

关键词，就是输入搜索框中的文字，也就是命令搜索引擎寻找的相关信息。关键词可以是任何中文、英文、数字，或中文、英文、数字的混合体，可以是人名、网站、新闻、小说、软件、游戏、星座、工作、购物、论文、视频等。在网页中加入适当的关键词能使搜索引擎更好地识别网页内容，使网页更容易被搜索到。网页的关键词优化是搜索引擎营销中的重要工作内容之一。

关键词的设置技巧如下：

①利用百度指数或谷歌趋势等搜索引擎分析出关键词的热度。

②长尾关键词和相关词的设置，采用长尾关键词包围热门关键词。

③分析对手的站点，直接引用或借鉴。

④使用关键词抓取软件。

⑤一件产品设置多个关键词，提高被用户输入的概率。

⑥关键词设置要符合消费者需求，例如顾客的爱好、年龄、搜索习惯；产品的用料、做工、款式、细节、品牌，季节、气温等因素，只有符合各种因素的关键词，才是有用的关键词。

⑦关键词也有排名，价格越高，越容易被收录到。

⑧对关键词的删除与整理，账户的关键词不是数量越多越好，而且长尾关键词也会有局限性。如果太多，往往会造成关键词重复的情况发生，把一些没用的关键词删除掉，这样更有利于管理。

⑨调整关键词的出价和质量，增加效果更好、性价比更高的关键词，删除或者降低那些效果不明显的关键词。效果好不好取决于关键词的质量度，质量度高的关键词可以使用户花比较少的钱从而获得较好的排名。

活动实施

步骤1：杨云等人通过查阅书籍和咨询马部长，认识了竞价排名的特点。

步骤2：杨云等人还了解到竞价排名的优点。

(1)见效快。充值后设置关键词价格后即刻就可以进入。

(2)关键词数量无限制。可以在后台设置无数的关键词进行推广，数量自己控制，没有任何限制。

(3)关键词不分难易程度。不论多么热门的关键词，只要网站质量好、愿意出高价，都能排到前三甚至第一。

步骤3：申请百度竞价排名。

登录百度营销网站，注册百度推广账号，登录，充值。

目前，企业在三大推广平台百度、360以及搜狗首次开通推广账户时都需要预付一定数额的开户费用，只有向推广平台预付了一定推广费用后，才能投放竞价广告，不同平台的收费标准不一样。杨云等人向公司申请了1万元的推广经费，成功注册了百度推广账号。

步骤4：准备推广物料。

推广前期需要准备物料，竞价广告展现的内容主要包括关键词、创意及URL。因此准备物料也是围绕竞价广告内容展开，即关键词搜集、创意制作及URL准备等。

经过分析，杨云等人筛选了100个长尾关键词、3个创意，URL则选择公司网站首页，部分关键词和创意见表6.4.1。

表 6.4.1 关键词和创意

关键词	创意
绿油油蔬菜配送、蔬菜配送、深圳蔬菜配送、深圳送菜公司、深圳市绿油油蔬菜、深圳市绿油油蔬菜有限公司、深圳蔬菜配送公司、深圳蔬菜配送中心、深圳农产品配送、深圳农产品批发、深圳蔬菜批发、农副产品配送、农产品配送、深圳蔬菜批发中心、深圳菜市场、布吉送菜公司、罗湖送菜公司、福田送菜公司、龙岗送菜公司、南山送菜公司、龙华送菜公司、送菜公司、深圳净菜加工、深圳蔬菜批发市场、深圳蔬菜种植基地、深圳蔬菜基地、深圳蔬菜配送供应商……	标题:【绿油油蔬菜配送】深圳蔬菜配送|深圳送菜公司|深圳蔬菜配送公司|深圳农产品配送|深圳农产品批发。 描述:深圳市绿油油蔬菜有限公司是一家拥有上千亩蔬菜基地的专业化送菜集团公司。每天送货上门的蔬菜保证新鲜,且无烂叶、无黄叶、无泥沙、卫生、安全、无污染。专注深圳各区域新鲜蔬菜配送、食材配送等服务综合一体的蔬菜配送中心,是专业的深圳送菜公司。电话:0755-86000×××

步骤 5:搭建推广账户。

竞价推广所需要的关键词、创意及 URL 等物料准备好后,进入账户搭建阶段。竞价账户结构应当按照账户的层级搭建,具体包括新建推广计划、新建推广单元、添加关键词和创意、账户设置等。如图 6.4.1 所示,推广账户第一层级是推广计划,推广计划下设若干个推广单元,每个推广单元下设置推广关键词和创意。

百度竞价推广创意是什么

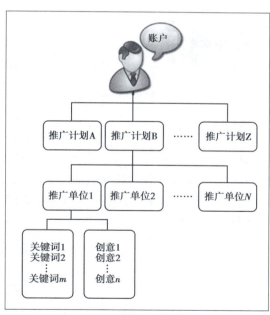

图 6.4.1 推广账户结构

杨云等人搭建名为"测试推广"的计划,新建"首页推广""公司简介推广"两个推广单元,然后将前一阶段准备好的关键词和创意添加到相应的推广单元。

步骤 6:实施推广。

账户搭建好后，便可以开始投放广告，进入账户推广阶段。在广告推广阶段，推广人员的工作主要包括推广效果评估、数据报告解读和分析及账户推广优化。

搜索引擎竞价排名方法的效果是立竿见影的，只要出价高、网站质量好，一定能够被展现。但是高出价意味着高推广成本，作为网络推广人员，需要考虑投资回报率，不能一味地追求排名靠前。

活动评价

杨云等人认真学习，分工合作，利用百度竞价排名顺利把公司网站排在搜索引擎靠前的位置，推广费用控制在每天 200 元以内，得到马部长的肯定和好评，杨云团队也高兴地继续开展工作。

任务 5 >>>>>>>>>>
利用问答推广企业

情境设计

杨云等人做好了竞价排名，登录搜索引擎，增加友情链接等工作，最后还想到目前消费者网上购物的时候往往会咨询一些问题，客户服务显得越来越重要，问答推广可以利用问答互动平台的超高人气进行精准用户推广，因此决定利用问答形式推广商品，提高客户满意度。

任务分解

要做好问答推广，首先要注册多个问答推广的账号，一问一答，或者一问多答。在问题和答案中植入企业信息，从而起到宣传推广的作用。本任务的活动是利用知乎问答推广企业。

活动　利用知乎问答推广企业

活动背景

问答平台的推广作为网络推广方法中一种效果不错且比较常见的网络推广方法之一，可以提高品牌的知名度，达到网站推广的目的，除获得不错的流量之外，还能起到口碑宣传，某些关键字还能在搜索引擎中获得好的排名。问答推广平台也越来越多，各有优劣，杨云等人决定利用知乎问答推广平台来提高企业的知名度。

?? 想一想

杨云等人如何利用知乎问答来推广企业呢？

□ 知识窗

问答推广就是利用 SEO 和论坛进行推广，可以利用问答互动平台的超高人气进行精准用户推广。常见的问答推广平台有百度知道、知乎、天涯问答、Soso 问问、360 问答。开展问答推广的技巧如下：

（1）选择推广的问答平台，比如百度知道、新浪爱问、腾讯问问等。

（2）换 IP，清除 COOKIES，分时段注册大量账号。

（3）选择关键词，并把关键词植入问题的标题和准备采纳为最佳答案的问题答案里，这里关键词必须出现两次，以确保关键词密度。

（4）用其中一个账号提出问题，提出的问题暂时不用理睬。

（5）过一两天再用其他账号把准备好的最佳答案进行回复，并附上链接。

（6）再隔一两天后才把它设为最佳答案。

（7）这期间可以使用其他账号做同样的事情，进行循环。同时使用其他账号对别人的问题进行回复，把问题细化，争取得到最佳答案的机会，回复的答案里面植入相关的关键词和链接。

（8）准备多个马甲，方便自问自答。

（9）同一个账号，一天内回答问题最好不要超过 10 个。

（10）不要在每一个百度知道回答上都加链接，保持好一定的比例，一般一天之内加上的链接不要超过 5 个。如果加链接太多，百度知道会删除你的回答，那么一天就白忙了，甚至会被封号 3 天。

（11）尽量少用首页链接，多用内页的链接。

（12）在正文中加入链接要适当，一般适宜把链接加入参考资料中。同时，如果正文中有链接，那么参考资料中最好不要再加链接了。

（13）不要每天集中一段时间回答问题，可以早晨回答几个，中午回答几个。短时间内大量回答问题、大量留链接都会被百度知道注意的，后果就是删除。

（14）自问自答绝对不能是同一 IP，否则后果是封号。回答问题时一定要使用代理服务器。

活动实施

步骤 1：杨云打开知乎问答网站，登录后如图 6.5.1 所示。

步骤 2：杨云点击页面顶端的"提问"按钮，进行提问，绑定相关话题，获取更多的展示，如图 6.5.2 所示。

步骤 3：杨云等人利用多个账号进行自问自答，如图 6.5.3 所示。

国内常见问答平台

图 6.5.1　知乎网站首页

活动评价

杨云等人利用知乎问答平台注册了几个账号，用于自问自答以增加曝光率和关注度，积极

图 6.5.2　提问界面

图 6.5.3　杨云回答问题

维护网站主页，也运用了平台里面的论坛和博客等渠道进行宣传，达到不错的效果。马部长认为此次活动杨云考虑周到，环环相扣，宣传效果明显，大力表扬了杨云团队，并要求继续努力，发扬追求卓越的职业精神。

项目总结

尽管互联网发展迅速，不断涌现新的互联网应用，目前搜索引擎依然拥有庞大的用户基础，是重要的互联网应用之一。因此，搜索引擎营销是网络推广人员的必备技能之一。搜索引擎营销就是根据用户使用搜索引擎的方式，利用用户检索信息的机会，尽可能地将营销信息传递给目标用户。搜索引擎营销的方法包括搜索引擎登录、搜索引擎优化、关键词竞价、联盟推广等。本项目系统讲解了搜索引擎营销方法，分析了搜索引擎的工作原理，并设计了登录百度搜索引擎、获取友情链接、百度竞价排名、利用知乎推广企业四个实操活动，使同学们能够真正掌握利用搜索引擎营销技能。

素养提升

近年来，315 晚会针对互联网中的虚假广告问题进行过多次报道，2020 年 3 月国家市场监督管理总局等十一部门联合印发通知，强调严厉打击保健食品、医疗、药品等事关人民群众健康和财产安全的虚假违法广告。

2021 年，在央视"315"晚会上，360 搜索引擎及 UC 浏览器上"虚假医疗广告"问题被曝光。这是继 2016 年"魏则西事件"后，互联网医疗广告再次被推上舆论的风口浪尖。据央视报道，为帮助其他医院借公立医院之名投放广告，广告代理公司费尽心思：利用公立医院简称作为关键词给其他医院投放广告，例如，通过 360 搜索"××市第二人民医院"的简称"市二医院"，结果弹出的是其他医院广告。除此之外，在公立医院全称中间打间隔，也能作为关键字推广其他医院。

上述案例中的广告代理公司，为了经济利益，运用技术手段帮助客户开展虚假宣传，这是违反法律法规的行为，更是与社会主义核心价值观背道而驰。作为网络营销工作人员，应遵守法律法规，坚持实事求是的原则，做一个诚信的人，不能虚假宣传、夸大宣传，误导消费者。

项目实训

实训背景：她他优品公司是潮州市一家从事家居用品的民营企业。因其是生产厂家，产品自产自销，在生产技术过硬的情况下，为了拓展业务，公司决定通过网络来增加品牌知名度和产品的效益。在对竞争对手进行详细的调研后，根据她他优品公司的实际情况，推广人员王晓峰决定利用搜索排名战来提高产品的知名度。

实训任务描述及任务分工：

第 1 小组：利用百度站长平台使网站登录搜索引擎，提高被收录概率。

第 2 小组：利用百度竞价排名，使网站处在搜索引擎靠前位置。

第 3 小组：利用换链神器软件获取友情链接。

第 4 小组：利用知乎问答平台推广商品。

实训评价：

实训评价表

指标 组别	是否完成 （10 分）	完成质量 （25 分）	完成时间 （5 分）	团队合作 （10 分）	汇报情况 （50 分）	得分
第 1 小组						
第 2 小组						
第 3 小组						
第 4 小组						

项目检测

1. 单项选择题

（1）以下哪个不是中国本土的搜索引擎（　　）。

　　A. 百度　　　　　　　B. 必应　　　　　　C. 360 搜索　　　　D. 神马搜索

（2）在淘宝首页上使用关键词"华为"进行产品搜索，这属于（　　）。

　　A. 品牌定位　　　　　B. 细分产品定位　　C. 通用词定位　　　D. 人群定位

（3）以下哪个选项不属于搜索引擎？（　　）

　　A. 百度　　　　　　　B. 360 搜索　　　　C. 神马搜索　　　　D. 淘宝

（4）一个产品可以设置（　　）个关键词。

　　A. 1　　　　　　　　B. 2　　　　　　　　C. 多　　　　　　　D. 3

（5）以下哪个可以获取友情链接？（　　）

　　A. 换链神器　　　　　B. 旺道平台　　　　C. 搜索引擎　　　　D. 天涯问答

（6）以下哪个不属于搜索引擎营销的方法？（　　）

　　A. 搜索引擎竞价推广　B. 网页制作　　　　C. 网盟推广　　　　D. 搜索引擎优化

（7）一件产品设置多个关键词，对用户输入的概率有什么影响？（　　）

　　A. 提高影响　　　　　B. 减弱影响　　　　C. 没影响　　　　　D. 不确定

（8）以下哪个是近几年新兴的问答平台？（　　）

A. 百度问答　　　　　B. 新浪问问　　　　　C. 知乎　　　　　D. 天涯问答

(9) 以下哪个属于推广的问答平台？(　　　)

A. 百度　　　　　B. 新浪　　　　　C. 知乎　　　　　D. 搜狐

(10) 以下哪个属于全文搜索引擎？(　　　)

A. 微信　　　　　B. 百度　　　　　C. 搜狐　　　　　D. 新浪

2. 多项选择题

(1) 以百度为例，搜索引擎返回结果页面包括(　　　)。

A. 垂直导航　　　　　B. 搜索框　　　　　C. 自然结果　　　　　D. 付费搜索广告

(2) 下面哪些方式可以增加网站的搜索引擎排名？(　　　)

A. 利用问答推广　　　　　　　　　B. 添加无效链接

C. 回访友情链接伙伴的网站　　　　　D. 增加链接有效数量

(3) 以下哪些是常见的搜索引擎？(　　　)

A. 百度　　　　　B. 360 搜索　　　　　C. 神马搜索　　　　　D. 搜狐

(4) 搜索引擎分为哪些种类？(　　　)

A. 全文索引　　　　　B. 目录索引　　　　　C. 元搜索引擎　　　　　D. 门户搜索引擎

(5) 以下哪些属于关键词定位类型？(　　　)

A. 品牌定位　　　　　B. 细分产品定位　　　　　C. 通用词定位　　　　　D. 人群定位

(6) 友情链接方式主要有(　　　)。

A. 站内相关页面的友情链接　　　　　B. 站内相关栏目的友情链接

C. 相关网站主页和内页的链接　　　　　D. 付费搜索友情链接

(7) 以下哪些是竞价排名的优点？(　　　)

A. 费用低　　　　　　　　　B. 见效快

C. 关键词数量无限制　　　　　D. 关键词不分难易程度

(8) 以下哪些属于友情链接的设置技巧？(　　　)

A. 链接数量越多越好　　　　　B. 回访友情链接伙伴的网站

C. 图片链接比文字链接好　　　　　D. 不要链接无关的网站

(9) 推广的问答平台有(　　　)。

A. 百度知道　　　　　B. 天涯问答　　　　　C. 雅虎知识堂　　　　　D. 新浪爱问

(10) 以下哪些措施可以提高搜索引擎排名？(　　　)

A. 关键词设置　　　　　B. 竞价排名　　　　　C. 设置友情链接　　　　　D. 利用问答推广平台

3. 简述题

(1) 简述搜索引擎的工作原理。

(2) 简述竞价排名的方法。

(3) 常用的问答平台有哪些？

4. 趣味挑战题

上海礼尚碗来陶瓷股份有限公司的屈先生为自己公司的业务建了个网站，花了几千元在几个门户网站的搜索引擎做收费排名，但是效果都不怎么理想，你作为百度网络推广人员能够帮助他做网站优化吗？

项目 7

销售促进——网络广告战

【项目综述】

　　小马是电子商务专业毕业的学生，在招聘会上，应聘了喜阳洋公司（虚拟公司）的网络推广部。刚进公司就接到任务，公司准备过年期间进行"过年不打烊"活动，针对某些产品进行销售促进以增加销售额。

　　接受任务后，小马在刘师傅的带领下，使用网络广告推广产品，以完成广告目标为基础，撰写了网络广告策划书，选择了合适的广告形式，制作网络广告图片，在网络上发布广告、评价广告效果，同时更加深入地了解网络广告的概念和类型，熟悉网络广告的实施流程。

【项目目标】

知识目标

通过本项目的学习,应达到的具体目标如下:

◇理解网络广告的概念和类型。

◇熟悉网络广告的实施流程。

◇熟悉网络广告的评价标准。

能力目标

◇能根据不同目标撰写网络广告策划书。

◇掌握制作网络广告的方法。

◇能根据不同的需求选择合适的网络广告投放方式。

◇能独立获取网络广告效果测评数据并评价网络广告效果。

素质目标

◇培养学生团结、协作的团队意识。

◇提升学生的信息素养和数据分析能力。

◇培养创新能力和文字描述能力。

◇培养精益求精的工匠精神。

【项目思维导图】

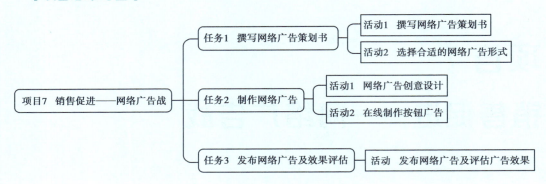

任务 1 »»»»»»»»
撰写网络广告策划书

情境设计

孙经理接到推广任务后,马上召开紧急会议。在会议上大家各抒己见,其中,小马说营销最好的方式就是广告,网络营销最好的方式就是网络广告,网民在哪里,我们就在哪里推广,让客户随时随地都能看到我们的信息。网络广告可以达到两个目的:一个是在网络中树立企业形象和塑造网络品牌;另一个是吸引我们的目标客户来点击并进入我们网站的指定页面,进而使目标访问者进入站点的营销页面并下订单,形成站点的销售。会议上大家通过了小马的意见,孙经理安排杨师傅担任组长,带领小马等人完成这次网络广告推广任务。

任务分解

为了能够尽快地融入公司,熟悉业务,小马就跟着刘师傅学习如何投放网络广告。由于距离过年还有一段时间,小马和刘师傅觉得可以提前利用网络广告做一个活动预热。小马主动地参与其中,积极地收集相关资料。对于小马他们来说,目前最重要的是先了解市场,结合公司实际情况,撰写一份策划书,再选择网络广告形式。主要活动:①撰写网络广告策划书;②选择合适的网络广告形式。

活动 1　撰写网络广告策划书

活动背景

小马在刘师傅的带领下,承担了"95、00后"这一消费群体的网络广告推广工作。在正式推广之前,小马要先根据市场调查结果并结合公司情况进行分析,撰写网络广告策划书。

?? 想一想

小马等人如何进行市场调查？网络广告策划书包含什么内容？

☐ 知识窗

1. 网络广告的概念

网络广告是网络营销中应用最为广泛的一种,按字面上的意思理解就是在网络上做的广告,是指通过互联网投放平台,利用广告横幅、文本链接、多媒体等方式,在互联网上刊登或发布广告信息,从而传递给互联网用户的一种高科技广告运作方式,是网络营销中应用最为广泛的一种。

2. 网络广告市场调查的方法

网络广告市场调查的方法可分为一手资料调查和二手资料调查。

(1)一手资料调查

一手资料调查指直接从市场上搜集目标信息,包括定性调查和定量调查。

● 定性调查:定性调查是运用非量化的方法来调查和分析问题,包括"一对一"的深层访谈和焦点小组访谈等方式。

● 定量调查:定量调查是运用量化、数字化的方法来说明问题,可以通过发放问卷或者访问数据库来收集数据。其中发放问卷的方法有网站问卷法、电子邮件问卷法、弹出式问卷法等。

(2)二手资料调查

二手资料调研是指查询并研究与调研项目有关资料的过程,这些资料是经他人收集、整理的有些是已经发表过的。二手资料的来源主要包括内部资料来源和外部资料来源。

3. 网络广告策划书的内容

广告策划书一般包括前言、广告商品、广告目的、广告期间、广告区域、广告对象、策划构思、广告策划几个模块。

前言主要阐述广告策划的缘由和背景;广告商品是指要推广的商品;广告目的是指希望通过投放广告而实现的营销目标;广告期间是指投放广告的时间段;广告区域是指广告覆盖的地域范围;广告对象是指广告的目标受众。

活动实施

步骤1：分析调查结果。

(1)选择调查方式

小马等人了解到网络广告市场调查的方式有很多，包括一手资料和二手资料的调查，但是考虑到费用成本问题，选择了电子邮件和网站问卷法进行网络调查。通过电子邮件给公司已有顾客发送调查问卷，以及在公司网页上发布调查问卷，收集整理调查问卷，分析调查结果，同时也在网络上搜集二手资料，形成调查报告，获取有用信息。

(2)得出调查结果

①市场情况。通过调查，小马等人发现2020年中国网络广告市场规模达7666亿元，同比增长率为18.6%。未来三年，中国网络广告市场将继续以17%的年复合增长率保持稳定的增

长态势。2018—2021 年中国网络广告支出呈现持续上升的趋势(图 7.1.1),预测将会继续增加。

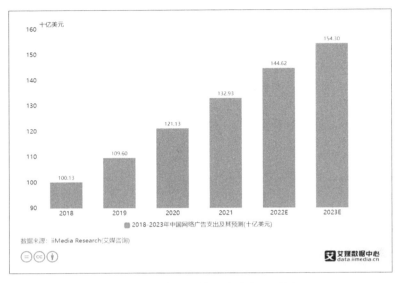

图 7.1.1 中国网络广告支出及预测

②行业情况。水族箱行业持续需求火热,资本利好水族箱领域,行业发展长期向好(图 7.1.2)。2021 年居民人均可支配收入同比实际增长 9.1%,居民消费水平的提高为水族箱行业市场需求提供经济基础。

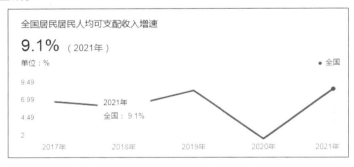

图 7.1.2 全国居民人均收入

(3)进行市场分析,确定目标受众

小马等人通过分析广告投放的对象,确定目标受众。通常来说,买鱼缸的都是有养鱼兴趣消费群,他们是具有一定消费潜力和实力的消费阶层。小马承担的任务目标受众群体是"95后"和"00 后"的消费人群,根据调查数据(图 7.1.3)可以看出 20—29 岁人群也是水族箱的第二大消费群体,根据 TGI 指数(喜爱度),小于 19 岁的人群对水族箱的喜爱度超过 100,表明"00 后"是水族箱的潜在消费群体。

步骤 2:撰写网络广告策划书。

小马根据部门要求,撰写一份"喜阳洋"水族箱的网络广告策划书。

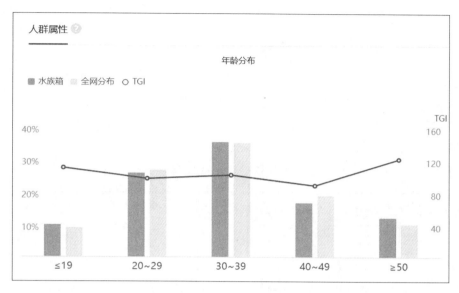

图 7.1.3　水族箱用户画像 (人群)

1. 前言

水族箱是用来饲养热带鱼或者金鱼的玻璃器具，起到观赏的作用。现在，以往奢侈的水族体验已经走入千家万户，越来越多的人喜欢在家里养上几条热带鱼。但是，面对琳琅满目的水族箱，消费者却难以抉择。他们关心的不仅是一个水族箱，更是鱼儿的家。本公司不仅全力以赴提高水族箱的质量，更是从全方位地满足消费者的需求，给消费者更好的购物体验。

2. 广告商品

喜阳洋水族箱。

3. 广告目的

提高消费者购买兴趣，广告的目的在于消费者浏览过后不仅能对产品有更清晰的认识，重要的是激起购买欲望。

4. 广告期间

2021 年 12 月 1 日—2022 年 2 月 1 日

5. 广告区域

覆盖全国。

6. 广告对象

15–29 岁。由于生活水平的提高，"90 后""00 后"逐渐成为水族箱的消费主力。

7. 策划构思

漂亮的鱼缸世界，让你梦回大海。

有一位女孩，向往大海，可是因为身体的原因不能亲自前往。心疼她的父母逛商场的时候发现水族箱里面的海洋世界就像真的大海一样，有水草、有漂亮的热带鱼。

一个小小的水族箱，完成孩子看大海的梦想。

8. 广告策略

主要媒体——微博、短视频、直播新媒体。

活动评价

小马通过这次任务，完成了市场调查、制定了网络广告策划书，得到了部门领导的表扬和认可。

活动2　选择合适的网络广告形式

活动背景

网络广告策划书已经有了,怎样选择适合促进这次销售的广告形式呢? 小马在刘师傅的带领下,同时请教同部门前辈、孙经理等人,将方案要点罗列出来。通过了解网络广告的形式特点、各自的缺点等,根据目标人群的上网偏好,结合企业本身的资源和预算,选择适合企业的网络广告形式。

?? 想一想

小马等人是如何了解网络广告形式的? 网络广告形式共有多少种? 各自有何优缺点?

□ 知识窗

网络广告的形式

(1)横幅广告。横幅广告也称旗帜广告,是最早的网络广告形式,是以 GIF、JPG、Flash 等格式建立的图像文件,定位在网页中大多用来表现广告内容。一般位于网页的最上方或中部,用户注意程度比较高。同时还可使用 Java 等语言使其产生交互性。用 shockwave 等插件工具增强表现力,是经典的网络广告形式。

(2)竖幅广告。竖幅广告也称对联广告,是位于网页的两边,左右对称。广告面积较大,较狭窄,能够展示较多的广告内容。

(3)文本链接广告。文本链接广告是以文字链接的广告,即以头条报道的形式出现在网站首页或网站频道的显著位置,进行直接的信息传递。

(4)电子邮件广告。以电子邮件发送方式发送广告,通常称为 EDM。利用登记用户信息,通过邮件定期向企业需要针对的目标客户进行有针对性的宣传,具有针对性强、性价比高的特点,而且广告内容不受限制。它可以针对具体某一个人发送特定的广告,为其他网上广告方式所不及。

(5)按钮广告。按钮广告又分为:

①普通 Button:普通 Button 是网络上常见的一种图形化广告形式,虽然在图片尺寸上比横幅广告小些,但由于其投放位置经常与网站内容紧密结合在一起,因此在特定目标的广告投放中更能体现网络广告的特点。

②固定 Button:与屏幕相对固定,不论浏览者在本页如何上下移动,此 Button 总是相对固定出现在屏幕上,从而保证了信息的最大出现率。

③动态 Button:页面自由移动的 Button 是用来增强广告效果的一种有效方式。用户看到页

面上不停移动且极抢眼的 Button,大多会情不自禁地用鼠标点击,从而使网友进入广告主的特定页面,使广告效果更为有效。

(6)插播式广告(弹出式广告)。插播式广告是指当人们浏览某网页时,网页会自动弹出或强制插入一个广告页面或弹出广告窗口。它类似于电视广告,都是打断正常节目的播放,强迫观看。插播式广告有各种尺寸,有全屏的也有小窗口的,而且互动的程度也不同,从静态的到全部动态的都有。这类广告很容易引起访问者的反感,因此现在大多数网站都将这种弹出式广告改为弹出几秒后自动收缩成一个普通的横幅广告。

活动实施

步骤1:分析不同人群的上网偏好。

作为网络广告的核心目标人群,Y世代("80后"及"95前")、Z世代("95后"及"00后")上网偏好有一定差异。报告(图7.1.4)显示,视频、短视频和购物平台是观看广告的主流渠道,但在其他渠道上,Y世代更偏好直播和媒体平台,Z世代更偏好社交和社区类平台。

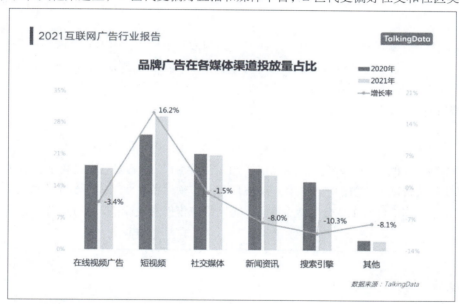

图7.1.4　品牌广告在各媒体渠道投放比例

步骤2:选择合适的网络广告形式。

小马等人经过调查分析,综合企业基本情况,同时考虑到费用成本问题,决定自主发布,也就是企业选择一种适合自身的网络广告形式,自行制作网络广告并选择网络广告的媒体发布。

由于现在网络技术的发达,网络广告的形式也是多种多样的。小马等人在选择网络广告形式时要考虑其覆盖范围、表现能力、费用成本和受众对象,根据"95后""00后"的上网偏好,最终决定选择微博广告。该广告可以直达精准人群,时长选择很自由,关键是可以直接和粉丝互动,更直接地得到消费者的反馈,解决消

网络广告的
计价方式

费者购买时的各种顾虑，而且本次活动是对"过年不打烊"活动的预热，费用相对来说会比较少，同时在创意的丰富性、广告视觉表现力、需求的定位等方面都体现了网络广告的特点和优势。

活动评价

小马通过市场调查、数据分析、撰写了网络广告策划书，深入了解了网络广告的类型、特点，选择了合适的网络广告形式，圆满完成了任务。同时也学到很多东西，在沟通能力和组织能力方面得到了很大的提升。对确定网络广告目标也有了更深切的了解，对今后的职业生涯也有了前进的方向。

任务 2 ≫≫≫≫≫
制作网络广告

情境设计

在投放广告前要先把广告制作出来。小马在刘师傅的指导下，明白制作网络广告，就是对广告图片或广告的表现形式进行设计。制作网络广告，可以找广告制作公司设计制作，也可以找一些网站在线制作，还可以直接上广告联盟，当然这一部分是要收费的。小马等人为了节约成本，就想自己制作按钮广告。

任务分解

制作网络广告的第一步就是进行网络广告的创意设计，好的创意设计能吸引受众的注意力；第二步是进行网络广告的制作，利用网络广告制作软件和在线制作平台制作成想要表达的广告就可以了。本次任务主要分为两个活动：①网络广告创意设计；②在线制作按钮广告。

活动1 网络广告创意设计

活动背景

优秀的网络广告在企业、产品的选择中起着重要的作用。通过向刘师傅咨询，小马了解到网络广告创意设计需要遵循几个基本原则，包含文字、图像、色彩的设计。

?? 想一想

小马是如何进行网络广告创意设计的？

□ 知识窗

1.网络广告创意设计的基本原则

①原创性原则。原创性原则：原创性原则就是在网络广告设计中做到创新，给受众新的视觉信息和新的信息传递方式、画面形象等。

②简洁性原则。简洁性原则是指在网络广告中不仅做到重点突出、主次分明,而且在创意中注意表达关键思想。

③文化适应性原则。由于不同国家、地区、民族有不同的文化背景,在网络广告设计的过程中,要充分考虑不同文化背景的受众。

④互动性原则。互动性的意思是在网络广告设计的过程中,要加强与受众的互动,如系列性的网络广告,从而吸引潜在消费者的注意力。

⑤思想性原则。网络广告设计要注意广告表达具备思想性,能具有一定的传播性。

⑥艺术性原则。网络广告的设计除了能传播产品,也要在设计过程中表达出艺术性,让受众赏心悦目。

2. 网络广告设计要素

(1)文字设计。文字是网络广告的主要构成要素,几乎所有的网络广告都含有文字。文字设计通常包括文案设计和字体设计两部分。文案设计侧重于设计的内容,字体设计与编排侧重于形式及视线的运动规律。

(2)图形设计。计算机图形也称矢量图形,是由数学公式描述的。图形是指由外部轮廓线条构成的矢量图,即由计算机绘制的直线、圆、矩形、曲线、图表等。

(3)图像设计。图像是由扫描仪、摄像机等输入设备捕捉实际的画面产生的数字图像,是由像素点阵构成的位图。

(4)数字声音。现代的网络广告已从无声发展到有声,声音自然成了网络广告的一个要素。

(5)动画。为了引起更多的注意,制作者不仅在听觉上下功夫,更在视觉上做了准备,把一些原先不活动的东西,经过影片的制作与放映,变成活动的影像,即为动画。通过把人物的表情、动作、变化等分段画成许多画幅,再用照相机连续拍摄成一系列画面,给人造成连续变化的感觉。

3. 网络广告的基本制作要点

(1)网络广告标题:广告标题是对浏览者带有概括性、观念性和引导性的词句。

(2)广告信息:简洁明了。

(3)互动性:广告上融入互动环节,如游戏、投票、抽奖等,提高浏览者对广告的兴趣。

4. 广告语的设计要求

(1)创新、独特、不落俗。

(2)朗朗上口,意义深刻。

(3)符合企业自身特点。

5. 网络广告中的色彩运用

(1)色彩。色彩的色相、明度和纯度称为色彩的三要素,也称三属性。几种色彩术语有相近色、互补色、暖色、冷色。

(2)色彩搭配的原则

①特色要鲜明。

②搭配要合理。

③讲究艺术性。

活动实施

网络广告创意设计包括色彩、图形及文字的运用。

步骤1：色彩基调设计。

根据色彩搭配的原则，特色要鲜明、搭配要合理、还要讲究艺术性，考虑到产品是水族箱，最后以绿色为主，绿色为水草的颜色；再用红色辅助，为春节活动预热，契合春节氛围，营造温情感。

步骤2：创意图形运用。

网络广告的图像语言能给受众提供正确而印象深刻的视觉信号，借助图像的引导，使受众完成从兴趣到联想，再到购买的一系列过程，在图像创意设计中运用月亮、花、树的设计，月亮表示团圆，春节亲友相聚；花、树营造出水族箱内的美景，一花一世界。

步骤3：创意文字设计。

网络广告的创意文字要精简、简约，容易记忆，文字创意设计以"过年不打烊"5个字为主要的广告文案(图7.2.1)，下面的小字是活动优惠，让广告受众一目了然。

图7.2.1 创意图

活动评价

小马在网络广告创意设计过程中，运用设计原则对色彩、图形及文字进行创意设计，设计出具有吸引力的网络广告。

<h2 style="text-align:center">活动2 在线制作按钮广告</h2>

活动背景

小马通过向刘师傅咨询，了解到目前网络上有几家免费制作按钮广告的网站，他通过筛选决定选用其中一家叫"稿定设计"的网站。

?? 想一想

　　小马是如何在线制作按钮广告图片的?

□ 知识窗

　　1.网络广告的制作要点

　　(1)目标明确、主题鲜明。

　　(2)形式与内容统一。

　　(3)强调整体。

　　2.制作网络广告的常用软件

　　网络广告设计的常用软件有 Photoshop、Illustrator、Freehand、CorelDraw 等设计软件。

　　(1)Photoshop 是 Adobe 旗下的图像处理软件之一,集图像扫描、编辑修改、图像制作、广告创意、图像输入与输出于一体的图形图像处理软件;

　　(2)Adobe illustrator,简称 AI,是一种应用于出版、多媒体和在线图像的工业标准矢量插画的软件。该软件主要应用于印刷出版、海报书籍排版、专业插画、多媒体图像处理和互联网页面的制作等,也可以为线稿提供较高的精度和控制,适合生产任何小型设计到大型的复杂项目。

　　(3)Freehand 是 Adobe 公司软件中的一员,简称 FH,是一个功能强大的平面矢量图形设计软件,无论是做广告创意、书籍海报、机械制图,还是要绘制建筑蓝图,Freehand 都是一件强大、实用而又灵活的利器。

　　(4)CorelDRAW Graphics Suite 是加拿大 Corel 公司的平面设计软件。该软件是 Corel 公司出品的矢量图形制作工具软件,这个图形工具给设计师提供了矢量动画、页面设计、网站制作、位图编辑和网页动画等多种功能。

　　3.在线制作网络广告的常见平台

　　在线制作网络广告的常见平台:稿定设计、Canva、图怪兽、Ibaotu 等。

活动实施

　　制作广告图片可以采用线上或线下方式。

　　小马利用网上一个免费制作网络广告的网站,制作按钮广告。

　　步骤1:在百度中输入"稿定设计",按回车键后进入(图7.2.2)。

图7.2.2　百度搜索"稿定设计"

步骤2：点击搜索框输入"水族用品 Banner 免费"，该网站上有很多素材都是免费的，当然也有收费的。进入该页面，向下拉会出现不同展位尺寸和活动推荐，选择你想要的或者你喜欢的样式。

步骤3：小马根据店铺过年促销的需要，选择了店铺轮播 Banner 规格横幅为"900 Px ×500 Px"，颜色为"绿色"，价格为"免费"等（图7.2.3）。或者选择合适的图片作为画布背景，点击"图片"和"替换背景图"（图7.2.4）。

图 7.2.3　选择"Banner"规格

图 7.2.4　选择"Banner"背景图

步骤4：点击"上传"，上传水草背景（图7.2.5）。

步骤5：生成店铺海报 Banner（图7.2.6）。

步骤6：保存制作好的图片即可。

除了利用在线平台制作网络广告之外，还可以利用 Photoshop 等软件制作网络广告，这里不详述。

图 7.2.5　上传"Banner"背景图

图 7.2.6　图片生成

活动评价

小马发现这两种制作网络广告的步骤较为方便快捷，操作也简单，自己做过一次就学会了。在线制作的方法可以直接套用别人的图片，速度较快，但较为普通，没有属于自己的特色；使用线下软件例如 Photoshop 制作的方法不仅方便快捷，也可以制作出有自己特色的广告图片。

任务 3 》》》》》》
发布网络广告及效果评估

情境设计

通过制作"过年不打烊"的网络广告，小马的思路越来越清晰。在刘师傅的带领下，他马上着手投放网络广告及效果评估，计划很快就制订出来了。小马把这个计划拿去给刘师傅指导，刘师傅看后，表扬了小马，说小马认真做事，然后指出了他计划中不成熟的地方，并提出他的见解，最后小马根据刘师傅的意见，对计划加以完善，并开始实施。

任务分解

　　小马了解到传统广告的发布是通过广告主委托广告公司实施广告计划，而随着网络的发展，广告主具有更大的自主权，既可以自行发布也可以通过广告代理商发布。因为成本原因，小马他们决定自行发布网络广告并进行效果评估。本次任务主要分为两个活动：①发布网络广告；②评估广告效果。

活动　发布网络广告及评估广告效果

活动背景

　　经过对公司各种宣传账号的数据分析，考虑到本次网络广告营销预算不高，且该网站广告在所有广告营销中占比份额不大。且公司企业微博账号粉丝数量增多，利用微博进行网络广告也会有比较好的效果。小马等人决定选择在微博账号自行发布广告信息，然后在账号上对该广告进行推广，并对广告效果进行评估。

?? 想一想

　　小马等人是怎样发布广告的？对广告效果进行了哪些评估？

□ 知识窗

　　1.如何发布网络广告

　　(1)购买网络空间发布广告。购买网络空间发布广告就是购买一些著名网站和目标消费者经常访问的网站空间。在这些网络空间上，你可以使用刊载旗帜式广告(Banner)的方式发布网络广告，这是非常有效的广告手段。

　　(2)在自己的网站上发布。在自己的网站上对广告内容、画面结构、互动方式等进行全面的策划。可以使用3种方式建立自己的网站：使用自己的服务器和独立的域名；租用虚拟主机的网络公司的硬盘空间，将广告信息做成网页放入其中；让网络服务提供商托管自己的Web服务器。

　　(3)使用旗帜广告交换服务网络。这是网上一种实现让别人的网站为自己做广告的形式。只需登记注册为该交换服务网络的成员，在自己网站的主页中将交换服务网络指定的一个图标加到某个位置上，然后按照服务网络的要求制作一个旗帜广告传送给交换服务网络就行了。

　　(4)使用电子邮件广告。这是网上营销的常用方式之一。采用电子邮件广告的方式时，需要先获得自己的一份邮件组，也就是客户地址清单。邮件组可以给您提供精确细分的目标市场，定期向邮件组发送企业的广告信息，能获得较高的回报。获取邮件组的方法：根据自己的客户清单建立邮件组；购买他人的邮件组。

（5）使用新闻组发布广告。根据目标客户的特点，选择特定的新闻组发布广告，这是一种经济、实用的方式。

（6）在其他媒体中发布。在传统媒体广告中加入一条企业的 Web 网址，从而把顾客吸引到企业的网站上去。

2. 网络广告效果的评估方法

（1）通过服务器端统计访问人数进行评估：通过放在服务器上的专门软件，对广告进行分析，生成详细的报表。通过这些报表，广告主可以随时了解在什么时间、有多少人访问过他们的广告页面，有多少人点击过广告图标，或是有多少人访问过载有旗帜广告的网站。

（2）通过查看客户反馈量进行评估：广告投放后广告对象的反应比较强烈，反馈量大大增加，说明所投放的广告比较成功；反之，则说明所投放的广告不太成功。

（3）通过广告评估机构进行评估：广告评估机构会根据不同的指标进行评估，比如广告的持续时间、广告的流量变化。

（4）通过网络广告效果评估软件进行评估：常用的有"CMM""康赛广告监测系统""中国媒体指标"等，广告主可以向有关软件公司购买。

活动实施

小马等人通过不断研究、沟通，完成了以下工作：

步骤 1：选择合适的网络广告发布平台。

小马等人从综合网站的信誉、访问者的性质和数量、网站点击率、广告面向的目标群体等多方面的因素考虑，就目前国内访问量和热搜排名，再结合公司本次预热情况，最后小马等人决定选择微博——新浪微博发布广告。

（1）小马在浏览器上打开"新浪微博"首页，登录账号，点击图片，选择制作好的广告图（图 7.3.1）。

图 7.3.1　选择制作好的广告图

（2）上传"过年不打烊"，编写相关营销信息，发布微博（图 7.3.2）。

（3）选择该条微博，在右上方的选项中选择对广告进行"推广"投放（图 7.3.3），让更多人看到我们"过年不打烊，满 300 减 40"的促销信息。

图 7.3.2　编写相关营销信息

图 7.3.3　对广告进行"推广"投放

步骤2：选择广告投放时长和金额。

小马等人了解到新浪微博不同广告投放功能差异，接着是选择合适的投放目标和投放时长。他们选择了适合公司的营销推广，投放目标选择人群触达，时长为48小时，第一次试水投放300元(图7.3.4)。

步骤3：广告效果量化。

作为广告主的企业最关心、最为重要和最需要明确的是一项广告活动可以达到哪些目标。根据公司的经营战略和营销计划，本次推广的目标是增加"喜阳洋"产品销售量。为了达到更精准的广告效果，将广告目标量化为以下几点：

(1)通过在线推广，增加"喜阳洋"产品的销售量，据上一年的年销售量计算，这次投放网络广告后，目标销售量增加20%。

(2)通过网络广告，增加"喜阳洋"品牌网站访客量与注册用户数，现有的网站访客量为4 654，注册用户数为155。目标网站访客量为1万以上，注册用户数为500以上。

(3)提高"喜阳洋"品牌产品的知名度。

(4)通过在线推广，获取线下推广活动("喜阳洋"与你相约下一个5年，约吗?)的参加人数。

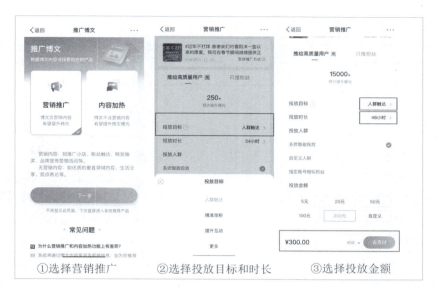

①选择营销推广　　②选择投放目标和时长　　③选择投放金额

图 7.3.4　选择合适的广告投放目标时长和金额

步骤 4：广告效果评估。

（1）网络广告效果测评数据的获取方式。

广告主可以通过站点流量分析报告了解到网络广告每天的点击数和累计点击数，每一个广告点击者在进入页面后的浏览行为。进而，还可以得出网络广告的点击率，100 个点击者中有多少比例的目标客户进入营销页面，有多少比例进入订单页面，有多少比例最终下了订单。

为了得到的数据更为准确，广告主可以在该页面源代码中写入一句调用公司站点小图片的语句。公司小图片调用的数量即是该页面的访问量。

由于这次采用的是 CPM，即千次点击付费方式，新浪网的广告经理在广告播放期间不断地记数网络广告的点击数，一千次点击数到了就马上通知广告主。注意，当发现双方数据不一致时，必须拿出数据有力地说服对方。在实际操作过程中这种情况会经常发生。

（2）网络广告的效果分析。

广告主根据网络广告的点击率、跳转率、业绩增长率、回复率以及转化率对广告效果进行评估。

活动评价

喜阳洋水族用品有限公司这次为产品的销售促进投放网络广告，通过按钮广告图片显示及链接双重效果，达到了良好的品牌宣传效果。网络广告发布后，吸引了大批消费者点击公司网站，增加网站点击率，并增加 20% 的销售量。这次广告策划非常成功，使小马在公司站稳了脚步，同时受到了公司上级领导的肯定及重用。

广告效果计算方法

项目总结

本项目主要介绍了撰写网络广告策划书、选择合适的网络广告形式、进行网络广告创意设计、制作网络广告、发布网络广告及对效果进行评估等内容，使同学们了解到网络广告的实施流程。选择消费者信任的传播媒体面对广告的传播有着最直接的影响。通过广告效果评估，企业可以了解到消费者对广告活动的反应，包括广告主题是否明确、广告诉求是否准确有效、广告预算安排是否经济合理、媒体安排是否正确等信息。掌握了这些信息，广告主在广告活动前期和进行阶段，可以及时调整广告信息战略、媒介战略，提高对广告活动的监控能力，提高广告决策的科学性和广告活动的效率。

素养提升

小马通过这次广告的策划、制作与推广有了很深的感悟。不同消费人群有着不同的消费特点，要求电商从业者具备尽职尽责、吃苦耐劳、精益求精的敬业精神，深入钻研各消费人群的特点，才能获得好的推广效果。其次在广告推广的过程中，一定要做到诚信，实事求是，绝不能在推广过程中出现虚假推广、剽窃他人产品、侵犯消费者隐私等违法乱纪行为，遵守《中华人民共和国电子商务法》《中华人民共和国广告法》等。同时也要勇于创新，不断尝试，从而做出正确的推广决策。

网络广告的发展

合作实训

我校与某方便面公司是校企合作关系，现为某方便面公司的"红烧牛肉面"做网络广告，以提高销售额。特联合本校电子商务专业学生为此次活动进行网络广告策划，为将来就业打下基础。

全班分 3 个小组。每个小组选出组长，拟定组名、口号、队歌。一组选一项任务，任务分别是选择广告方式、制作网络广告图片、发布及评估广告效果。每组组长及队员自行分工协作，讨论自己的工作内容，请同学们根据产品特点，制作网络广告。

实训评价表

指标 组别	是否完成 （10 分）	完成质量 （25 分）	完成时间 （5 分）	团队合作 （10 分）	汇报情况 （50 分）	得分
第 1 小组						
第 2 小组						
第 3 小组						
第 4 小组						

项目检测

1. 单项选择题

（1）假设某公司将在新浪上为某沐浴液做一个为期一年的网络广告，目的是促进品牌形象，夺取其他沐浴液的市场份额，其要求只要在网络用户点击图标进入该公司网站后才付广告费，请问它应该采取哪种计价方式？（ ）

A. CPP　　　　　　B. CPA　　　　　　C. CPL　　　　　　D. CPM

（2）下图所展示的网络广告采用了哪种网络广告形式？（　　　）

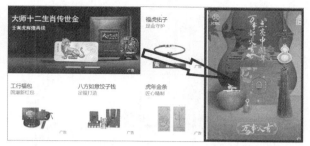

    A. 按钮广告　　　　　B. 横幅广告　　　　　C.竖幅广告　　　　　D. 富媒体广告

（3）下面哪种是对浏览者干扰最小，但却较为有效果的网络广告形式？（　　　）

    A. 电子邮件广告　　　B. 竖幅广告　　　　　C.文字链接广告　　　D. 富媒体广告

（4）以下选项中不属于网络广告的特点的是(　　　)。

    A. 灵活性大　　　　　B. 互动性强　　　　　C.性价比高、成本低　D.形式单一

（5）以下哪种网络广告的形式具有针对性强、性价比高的特点，而且广告内容不受限制？（　　　）

    A. 横幅广告　　　　　B. 按钮广告　　　　　C.电子邮件广告　　　D.弹出式广告

（6）通常广告主用(　　　)来宣传公司的商标或品牌等特定标志，它链接着公司的主页或站点，希望网络浏览者主动来点选。

    A. 横幅广告　　　　　B. 按钮广告　　　　　C.电子邮件广告　　　D.弹出式广告

（7）(　　　)是位于网页的两边，左右对称，广告面积较大，较狭窄，能够展示较多的广告内容。

    A. 按钮广告　　　　　B. 横幅广告　　　　　C.富媒体广告　　　　D.对联广告

（8）下面哪个不是网络广告的特点？（　　　）

    A. 动性强　　　　　　　　　　　　　　　　B. 对象不确切

    C. 制作简单，成本低廉　　　　　　　　　　D. 易于调整

（9）网络广告是(　　　)。

    A. 以数字代码为载体的　　　　　　　　　　B. 由高水平的美工师设计和制作的

    C. 由文字和静态图片组成的　　　　　　　　D. 缺乏良好的交互功能的

（10）下图所展示的网络广告采用了哪种网络广告形式？（　　　）

    A. 插播式广告　　　　B. 横幅广告　　　　　C.按钮广告　　　　　D. 富媒体广告

2. 多项选择题

(1) 以下门户网站属于综合门户的有(　　　)。

    A. 腾讯　　　　　　　　B. 新浪　　　　　　　　C. 网易　　　　　　　　D. 淘宝网

(2) 以下图片里含有哪几种网络广告形式?(　　　)

    A. 横幅广告　　　　　　B. 富媒体广告　　　　　C. 按钮广告　　　　　　D. 文字链接广告

(3) 属于网络广告要素的有广告信息、(　　　)。

    A. 广告受众　　　　　　B. 广告主　　　　　　　C. 广告媒介　　　　　　D. 广告效果

(4) 网络广告的计费方式按点击数计费来分,可分为(　　　)。

    A. CPL　　　　　　　　B. CPA　　　　　　　　C. 按月收费　　　　　　D. CPC

(5) 违法网络广告表现形式有(　　　)。

    A. 虚假广告　　　　　　　　　　　　　　　　　B. 违反行业规定的广告

    C. 诱饵广告　　　　　　　　　　　　　　　　　D. 广告骚扰

(6) 文字设计通常包括(　　　)两部分。

    A. 文案设计　　　　　　B. 字体设计　　　　　　C. 色彩设计　　　　　　D. 图形设计

(7) 如何发布网络广告?(　　　)

    A. 购买网络空间发布广告　　　　　　　　　　　B. 购买网络空间

    C. 使用旗帜广告交换服务网络　　　　　　　　　D. 使用电子邮件广告

(8) 以下属于网络广告投放流程的是(　　　)。

    A. 评估广告效果,调整广告策略

    B. 进行网络广告的策划

    C. 了解潜在客户及其需求,确定网络广告的目标

    D. 选择网络广告发布渠道及方式,并进行网络广告发布

(9) 网络广告的基本制作要点有(　　　)。

    A. 标题　　　　　　　　B. 故事情节　　　　　　C. 广告信息　　　　　　D. 互动性

(10) 网络设计的要素包括图形设计、(　　　)。

    A. 文字设计　　　　　　B. 数字声音　　　　　　C. 动画　　　　　　　　D. 图像设计

3. 简答题

(1) 网络广告的五大要素是什么?

(2) 某公司打算发布一则关于汽车的网络广告,可以如何发布?

(3) 请指出新浪网网站有多少种网络广告形式?分别是什么广告形式?各自有何优缺点?

4. 趣味挑战题

自己选择产品,设计一段有创意的广告语,要求:突出产品特点,字数在10字以内。

项目 8

市场开拓——微信推广战

【项目综述】

广州江南美食文化有限公司（以下称江南美食文化，为虚拟公司）是一家餐饮企业，自2020年成立以来，业务量日益增加。为了更好地推广新菜品、扩大市场份额和进一步提升公司的综合竞争能力，黎经理决定采用网络推广的方式来提升品牌认知度，扩大品牌宣传。

2019级电子商务班的林华通过学校推荐到"江南美食文化"实习，实习岗位新媒体运营助理。刚到企业，他就接到了黎经理安排的"江南美食文化"品牌任务，结合马上到来的中秋节，完成"吸粉"1 000的艰巨任务，并对"江南美食文化"品牌进行推广。

在推广过程中，林华学会了利用微信宣传品牌的方法，认识了微信公众平台，知道如何选择微信公众号，成功注册了公司公众号，能够完成对公众号的设置以及消息的发布，实时与粉丝互动，并分析公众号运营数据。在实习过程中，林华实时与粉丝互动得到了公司的认可，公司决定将"江南美食文化"品牌公众号交给林华来维护管理。

【项目目标】

知识目标

通过本项目的学习，应达到的具体目标如下：

◇理解公众号的分类及其特点。

◇了解公众账号的设计。

能力目标

◇学会注册并申请公众号。

◇能够完成公众号的基本设置。

◇会利用公众号给粉丝发送信息。

◇会利用公众号开展一些活动促进"吸粉"与粉丝进行有效互动。

◇能够对公众号的数据进行分析。

素质目标

◇注重培养学生与人沟通的能力。

◇培养学生对软件使用敏感度，能迅速上手新的软件和新的操作方法。

◇培养学生利用公众平台传播正能量信息，积极打造正面舆论场域。

【项目思维导图】

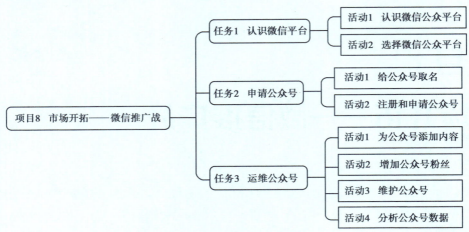

任务 1 〉〉〉〉〉〉〉〉〉〉
认识微信平台

情境设计

　　"江南美食文化"是一家刚成立不久的餐饮服务公司,黎经理计划加大力度宣传江南美食文化,培养品牌认知度。公司决定利用微信平台推广品牌。黎经理得知林华是电子商务专业的实习生后,立马将其叫到办公室,并将微信平台推广的任务交给了林华。林华思考了片刻,向黎经理提出一个要求,希望能让小佳和李平帮忙,成立一个微信推广小组,黎经理批准了林华的请求,面对公司的艰巨任务,林华立志一定要出色地完成。

任务分解

　　微信推广是企业网络推广的一种新型方式,要利用好微信进行推广,首先要知道什么是微信公众平台(简称公众号)。其次要区分订阅号、服务号、企业号、小程序各自的特点和不同,根据企业自身情况选择适合企业的微信公众平台。林华在申请微信公众平台之前,认真学习了微信公众平台的相关知识,提出公司目前建立订阅号的建议。建议得到了黎经理的认可,林华相信只要付出就会有收获!本次任务分为两个活动:①认识微信公众平台;②选择微信公众平台。

活动 1　认识微信公众平台

活动背景

　　林华对个人微信非常熟悉,可是对微信公众平台却只是关注,真正让他注册和管理一个微信公众号平台,这是第一次,林华决定让大家先熟悉微信公众平台,并分工合作,林华负责添加微信公众平台,小佳和李平负责了解服务号、订阅号、企业号和小程序,并作出选择。

?? 想一想

如何添加微信公众号平台呢?

活动实施

步骤1:添加微信公众号平台

林华拿出手机,登录个人微信,决定添加公司微信公众号借鉴参考。

操作步骤:登录个人微信→添加朋友→公众号→输入需要查找的公众号→点击搜索→关注。如图8.1.1、图8.1.2、图8.1.3所示。

图8.1.1 添加朋友

图8.1.2 搜索公众号

图8.1.3 关注公众号

步骤2:认识微信公众平台

小佳随机关注了几个自己喜欢的公众号,发现公众号不仅拥有与个人微信号相同的一些功能,而且还拥有许多个人微信号没有的功能。比如向关注者推送文字、图片、语音、视频等消息。发送关键词至公众号,可以获得常见问题和服务等(图8.1.4和图8.1.5)。

图 8.1.4　某餐饮公众号

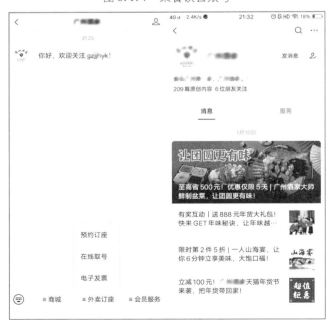

图 8.1.5　某酒店公众号

活动评价

林华团队通过对添加对微信公众平台的操作后，进一步地认识了微信公众平台的功能，对接下来如何选择微信公众平台起到了很大的帮助。

活动2 选择微信公众平台

活动背景

通过上网查找，小佳发现微信公众平台不但个人可以注册，企业和组织也可以注册。公众号又分为服务号和订阅号。"江南美食文化"该选择哪个呢？小佳遇到了难题。

?? 想一想

如何选择微信公众平台呢？

□ 知识窗

微信公众平台，简称公众号。曾命名为"官号平台"、"媒体平台"、微信公众号，最终定位为"公众平台"。微信公众号主要面向名人、政府、媒体、企业等机构推出的合作推广业务。在这里可以通过微信渠道将品牌推广给上亿的微信用户，减少宣传成本，提高品牌知名度，打造更具影响力的品牌形象。微信公众号的口号是"再小的个体，也有自己品牌"，足以见得其的作用。

微信在2013年8月5日从4.5版本升级到了5.0版，同时微信公众平台也做了大幅调整，微信公众账号被分成订阅号和服务号，运营主体是组织（比如企业、媒体、公益组织）的，可以申请服务号，运营主体是组织和个人的可以申请订阅号，但是个人不能申请服务号。

微信认证，也称微信公众号认证。可以通过微博、网站等途径，推广自己的微信公众号的二维码，获取更多订阅用户，扩大影响力。通过认证的微信公众平台在现有基础上增加了9种新的开发接口，通过这些接口企业和媒体、机构的公众平台可以开发出更多的微信应用，打造更强大的微信公众平台。

活动实施

步骤1：服务号、订阅号、企业号和微信小程序的区别

小佳很快将企业号和微信小程序（图8.1.6）淘汰于自己的计划中，可是在选择服务号与订阅号之间（图8.1.7），小佳难以决定，最终决定好好恶补知识。

服务号是公众平台的一种账号类型，旨在为用户提供服务。服务号一个月内仅可以发送四条群发消息。服务号发给用户的消息，会显示在用户的聊天列表中。并且，在发送消息给用户时，用户将收到即时的消息提醒。

订阅号是公众平台的一种账号类型，为用户提供信息和资讯。订阅号每天可以发送一条群发消息。订阅号发给用户的消息，将会显示在用户的订阅号文件夹中。在发送消息给用户时，用户不会收到即时消息提醒。在用户的通讯录中，订阅号将被放入订阅号文件夹中。

公众平台企业号，是公众平台的一种账号类型，旨在帮助企业、政府机关、学校、医院等

小程序注册
指引

事业单位和非政府组织建立与员工、上下游合作伙伴及内部 IT 系统间的连接，并能有效地简化管理流程、提高信息的沟通和协同效率、提升对一线员工的服务及管理能力。

微信小程序：小程序是一种新的开放能力，开发者可以快速地开发一个小程序。小程序可以在微信内被便捷地获取和传播，同时具有出色的使用体验。

图 8.1.6　企业号与微信小程序

图 8.1.7　服务号与订阅号

小佳经过学习发现，服务号、订阅号和企业号的功能是不一样的（表 8.1.1）：

表 8.1.1　订阅号、服务号、企业号的功能对比

账号类型	订阅号		服务号		企业号	
业务介绍	为媒体和个人提供一种新的信息传播方式,构建与读者之间更好的沟通与管理模式		为企业与组织提高更强大的业务服务与用户管理能力,帮助企业实现全新的公众号服务平台		帮助企业和组织内部成员建立员工、上下游合作伙伴与企业 IT 系统间的连接	
功能权限	普通订阅号	微信认证订阅号	普通服务号	微信认证服务号	普通企业号	微信认证企业号
消息直接显示在好友对号列表中			√	√	√	√
消息显示在"订阅号"文件夹中	√	√				
每天可以群发1条消息	√	√				
每个月可以群发4条消息			√	√		
保密消息禁止转发					√	√
关注时验证身份					√	√
基本的消息接收/回复接口	√	√	√	√	√	√
聊天界面底部,自定义菜单	√	√	√	√	√	√
定制应用					√	√
高级接口能力		部分支持		√		部分支持
微信支付——商户功能		部分支持		√		√

步骤 2：结合企业自身特点,选择适合企业的微信公众平台

在与黎经理的深入讨论之后,林华做了总结：

①如果想简单地发送消息，达到宣传效果，建议可选择订阅号；

②如果想用公众号获得更多的功能，例如开通微信支付，建议可以选择服务号；

③如果想用来管理内部企业员工、团队，对内使用，可申请企业号；

④订阅号不支持变更为服务号，同样，服务号也不可变更成订阅号。

最后，林华认为"江南美食文化"刚刚起步，没有任何的粉丝基数，消费者对品牌认知度普遍不高，适宜选择注册订阅号，每天定时向顾客发送最新产品促销信息。

🔲 知识窗

1. 微信（WeChat）

微信是腾讯公司推出的一个为智能终端提供即时通信服务的免费应用程序，微信支持跨通信运营商、跨操作系统平台通过网络快速发送免费（需消耗少量网络流量）语音短信、视频、图片和文字，同时，也可以使用通过共享流媒体内容的资料和基于位置的社交插件"摇一摇""漂流瓶""朋友圈""公众平台""语音记事本"等服务插件。

2. 微信公众平台（WeChat Public Platform）

微信公众平台是 2011 年腾讯公司在微信基础上推出的具有全新功能的模块。通过这一平台，个人和企业可以打造自己的微信公众号，并在微信公众平台上实现和特定群体以文字、图片、语音等进行全方位沟通、互动。

活动评价

林华团队通过对微信公众平台的学习后，明白了服务号、订阅号和企业微信号的功能区别。

任务 2 》》》》》》》》
申请公众号

情境设计

林华最终和黎经理商量确定"江南美食文化"公众号为订阅号，由于林华刻苦学习，黎经理将具体申请公众号的任务直接分配给了林华。林华希望能出色完成任务，争取实习后继续留在公司上班。

任务分解

申请公众号并非一件难事，但是申请之前需要做好准备。由于微信公众账号名字一旦确定不能更改，因此给公众号取个好的名字至关重要。如何给公众号取名呢？在例会上，林华积极发言，建议不但得到同事认可，黎经理更是将申请公众号的任务交给了他。林华正在积极准备材料申请公司公众号。本次任务主要分为两个活动：①给公众号取名；②注册和申请公众号。

活动1　给公众号取名

活动背景

公司例会上,大家积极讨论给"江南美食文化"取个好听又好记的名字,林华觉得直接用"江南美食文化"作为公众号的名字,既简短容易让人记住,又能突出品牌效应,意见得到了大家的认可。

?? 想一想

如何给公众号取名呢?

□ 知识窗

1．公众账号取名技巧

（1）提问式取名法　以提问的方式取名,让关注者获得兴趣。比如,"今晚看啥","什么能赚钱"。他们分别可以帮你发现你喜欢的电影,帮你推荐理财产品和省钱方法。

（2）其他取名方法　其他的取名方法可以考虑从生活、地域等一些身边比较熟悉的着手,也可以参考百度指数,人们对某些事件或者问题的关注度之类。当然,取名方法还有很多,比如企业取名还可以采用区域加行业,如西安汽车美容、杭州房产等。

（3）直呼其名　直呼其名就是直接以企业名称或者服务、产品名称作为公众号名称。比如,我们最熟悉不过的天猫、杜蕾斯、大众点评网、九点杂志等。

（4）另类取名法　选取较为新颖、搞笑、热门流行的名称,例如"蓝瘦香菇"之类。

（5）采用垂直行业取名法:行业名＋用途　典型的公众有电影商学院、微法律、豆瓣同城、百度电影等。这些都是一个行业加用途命名的。

（6）功能实用法　这种形式可以直接将公众号的用途和服务展现出来,让用户更了解你的平台。比如"酒店助手",用途就是订酒店;另外还有"欣欣旅游",就是旅游推荐;"微生活会员卡",就是商家会员卡一站式平台等。

（7）百科取名法　收集整理相关内容,比如,糗事百科、健康生活百科、时尚生活小百科等。

（8）形象取名法　形象取名法是将企业形象化或者是服务产品形象化的一种手法,把具体的事物或者抽象的事物形象化,可以用拟人、比喻等手法。比如,篮球公园,是篮球体育资讯的公众号;电影工厂,帮你最快发现想看的电影等。

2．公众账号取名忌讳

（1）切忌使用生疏、冷僻词汇　如果你的账号使用生疏字,意味着你的公众号被搜索的可能性很小,同时排名也很靠后。

（2）切忌使用宽泛词汇　宽泛的词汇不但让你的平台显得不够专业,还无法准确锁定客户。比如,你起一个"美食"作为饮食公众号名字显然没有以"江南美食"作为公众号好。不过具体还是要视行业而定。

（3）当下社会所能接受的程度和一些地域性的风俗我们也得考虑。

活动实施

步骤1:找准主体和行业定位

"江南美食文化"是广州江南美食文化有限公司的主业务之一,主要是提供餐饮管理、美食文化推介等服务。林华认为名字应该紧紧围绕美食行业开展,同时在品牌推出之初,可以通过目前互联网直播营销带动品牌发力,易被消费者接受和认同,因此林华希望得到大家的认同。

步骤2:确定是否有同样的名字被取

通过一段时间的实习,林华做事越来越细心,他思量着还是先到微信上搜索"江南美食文化"或者类似"美食文化""江南美食"之类的关键词,万一已经被他人注册,马上可以考虑其他公众号名字。于是林华拿出手机搜索"江南美食文化",发现没有被注册,可以将"江南美食文化"命名为公众号名字。

活动评价

林华通过组织大家对公众号的取名进行讨论后,发现取名也需要一定的技巧,林华觉得注册和申请公众号很有意思。

活动2 注册和申请公众号

活动背景

万事俱备,林华让小佳准备好所有材料后,注册"江南美食文化"公众号,等待审核通过。

?? 想一想

如何注册和申请微信公众号呢?

□ 知识窗

注册公众号需要准备哪些材料?(表8.2.1)

表8.2.1 公众账号注册需要准备的资料

个体户类型	企业类型	政府类型	媒体类型	其他组织类型	个人类型
个体户名称	企业名称	政府机构名称	媒体机构名称	组织机构名称	
营业执照注册号/统一信用代码	营业执照注册号/统一信用代码	组织机构代码	组织机构代码/统一信用代码	组织机构代码/统一信用代码	
运营者身份证姓名	运营者身份证姓名	运营者身份证姓名	运营者身份证姓名	运营者身份证姓名	运营者身份证姓名
运营者身份证号码	运营者身份证号码	运营者身份证号码	运营者身份证号码	运营者身份证号码	运营者身份证号码
运营者手机号码	运营者手机号码	运营者手机号码	运营者手机号码	运营者手机号码	运营者手机号码
已绑定运营者银行卡的微信号	已绑定运营者银行卡的微信号	已绑定运营者银行卡的微信号	已绑定运营者银行卡的微信号	已绑定运营者银行卡的微信号	已绑定运营者银行卡的微信号
	企业对公账户				

活动实施

林华打开微信公众平台，准备注册"江南美食文化"公众号。

步骤 1：登录微信平台，点击"立即注册"（图 8.2.1）。

图 8.2.1　注册、登录界面

步骤 2：基本信息填写，填写邮箱，邮箱验证码，密码（图 8.2.2）。

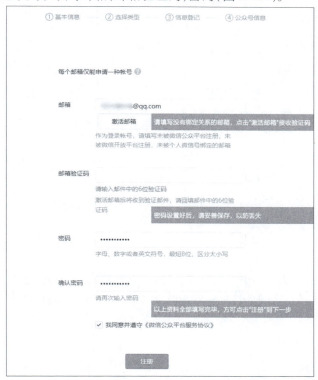

图 8.2.2　填写基本信息

步骤3：登录邮箱，查看激活邮件，填写邮箱验证码激活（图8.2.3）。

图8.2.3　邮箱激活

步骤4：选择类型，选择注册地（图8.2.4）。

图8.2.4　选择类型

步骤5：信息登记，选择个人类型之后，填写身份证信息，如图8.2.5所示。

步骤6：填写账号信息，包括公众号名称、功能介绍，选择运营地区，如图8.2.6所示。

图 8.2.5　信息登记

注册公众号

图 8.2.6　公众号信息

活动评价

林华他们分工合作,顺利完成微信公众平台的注册,接下来他们将对公众号进行内容添加、推广、日常维护及数据分析。

任务 3 》》》》》》》》
运维公众号

公众平台迁移流程指引

情境设计

林华顺利申请到名为"江南美食文化"的公众号,接下来就是添加好友,完成"吸粉"大计。林华组织开展了小组会议,共同出谋划策,小佳提出通过公众平台进行试吃,并点评比赛,同时设置奖项吸引人们参加,在参加的过程中就加入到公众号了。李平提出社区营销,认为"江南美食"是餐饮类,更适合在社区搞活动,扫一扫添加公众号,转发公众号文章并集赞可以获得满减、优惠券等礼物。林华最后采用了社区推广的方式完成"吸粉"1 000 的任务,并做到很好地维护,事后调查和营业额都显示推广效果明显。

任务分解

根据公司黎经理的工作要求,林华等人立马组织了一个研讨会,商量如何进一步有针对性地对公众号进行添加内容,以及对公众号进行推广和维护。本次任务主要分为 4 个活动:①为公众号添加内容;②增加公众号粉丝;③维护公众号;④分析公众号数据。

活动 1 为公众号添加内容

活动背景

"江南美食文化"是一个饮食类的公众号,内容除了美食推介、出品展示等信息之外还可以添加一些便民服务信息,比如预约订座、在线取号、电子发票、积分兑换等内容,让大家添加了公众号后能及时获得公司优惠活动等信息而时不时地会自觉去关注。

?? 想一想

如何添加公众号的内容并进行推广、维护呢?

□ 知识窗

微信公众平台添加内容首先需要完成菜单的搭建,然后才能添加相应的内容到菜单:
1.微信公众平台菜单的搭建:
(1)登录公众号;
(2)进入首页后,点击"自定义菜单"(图 8.3.1);

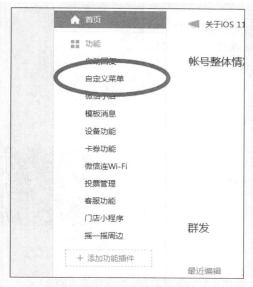

图 8.3.1　自定义菜单

（3）参照如下格式进行自由搭建（图 8.3.2）。

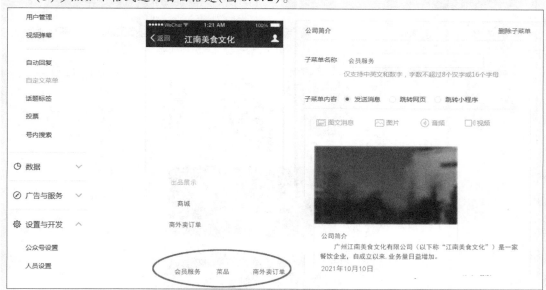

图 8.3.2　搭建菜单

2. 自定义菜单下的内容编辑（卡券等功能需要认证过的微信订阅号才可使用），添加图文消息（图 8.3.3）。

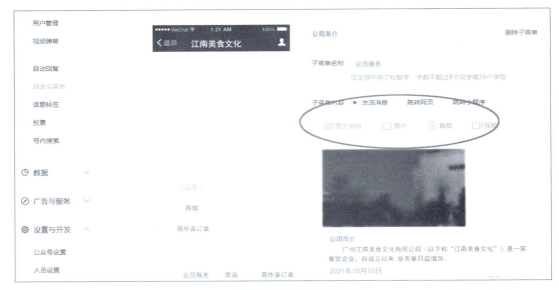

图 8.3.3　添加图文消息

活动实施

　　林华搭建好了菜单后，分别对"江南美食文化"菜品、出品展示和其他服务信息添加内容。

　　步骤1：添加"江南美食文化"菜品，如图8.3.4所示。

图 8.3.4　"江南美食文化"菜品

发布公众号
文章

步骤 2：添加出品展示，如图 8.3.5 所示。

步骤 3：添加其他服务信息，如图 8.3.6 所示。

图 8.3.5　出品展示

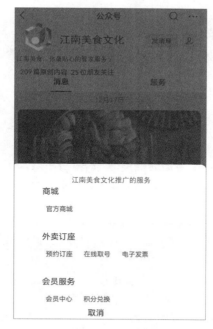

图 8.3.6　其他服务

活动评价

林华他们分工合作，顺利完成微信公众平台内容的添加，内容既有美食推介，又有便民服务，关注度高，成功了一大半。在添加内容的过程中，林华也感觉到自己收获了很多知识，对文案策划和网络推广有了更深的认识，让他觉得越来越喜欢这份工作了。

活动2 增加公众号粉丝

活动背景

林华三人齐心协力,为"江南美食文化"公众号添加了相关内容,并让黎经理过目,黎经理觉得内容已经很不错了,就差欣赏它的人了,于是鼓励林华他们进行下一步工作,就是"吸粉"大计了。林华结合目前的实际情况,与团队成员讨论后决定通过开展社区推广活动来吸引公众号的粉丝。

?? 想一想

公众号怎样才能快速吸粉呢?

□ 知识窗

公众号吸引粉常用的10种方法:

1. 利用个人微信号为公众号宣传

运营公众号不只是叫用户直接微信搜索某某关注。一定要结合个人微信,把用户引到公众号上。比如,个人微信有附近的人,摇一摇,添加手机QQ好友,添加手机联系人,朋友圈等功能。

2. 利用自媒体平台为公众号导流

用得最多的自媒体平台比如有今日头条的头条号、百度百家的百家号、搜狐自媒体平台、网易自媒体平台、企鹅自媒体平台、新浪看点等等,通过这些平台发布文章,引导用户关注公众号。

3. 利用微信发红包模式宣传公众号

微信有发红包的功能,可以创建一个微信群,拉用户进群,然后利用发红包来吸引用户加入,领红包得先关注微信公众号。这样也可以吸引一部分粉丝去关注公众号。

4. 利用公众号二维码来增加粉丝

从参数二维码功能推出至今,发现运用范围最广、最有效的运营方式,是在公众号涨粉方面。公众号自带的参数二维码功能,只能运用在后台手动生成专属的二维码图片,然后发给各个渠道去关注。

5. 利用百度贴吧,百度知道等产品宣传公众号

百度的产品一向都是人流量非常大的,比如百度贴吧,百度知道,百度文库,百度经验等有很多。我们可以在贴吧发文章宣传,也可以在知道提问带上公众号的二维码图片,也可以把文章上传到文库,做百度经验等,效果都是非常好的。

6. 利用微博宣传微信公众号

微博的用户量是非常大的,微博的信息更新也是非常快的。可以为公众号注册一个微博号,每天刷微博,关注相关用户的微博,通过转发、评论、点赞,引导用户关注公众号。

7. 利用QQ功能宣传微信公众号

只要会上网的人,几乎都有一个QQ号,可以利用QQ的相关功能来为公众号增加粉丝。比如,QQ好友,QQ空间,QQ群都可以。在引导用户关注微信公众号的时候,少打广告,利用一些方法引导用户。

8.利用优质内容为公众号增加粉丝

优质内容对于运营公众号来说真的有点难度。可以多关注同行业的公众号,有好的内容如果允许就可以转载过来,最好留下别人的版权信息。也可以利用搜狗微信搜索,寻找和自己内容相关的优质内容,也可以利用微信头条找优质内容。

9.利用抽奖游戏宣传公众号

XXX 参与了几个微信抽奖、赠礼品的游戏。只需要花很少的钱,就可以让用户关注,因为很多用户都爱占小便宜,就是利用这种心理来吸引用户的。

10.利用社区推广快速吸粉

在社区进行地推吸粉见效快,但地推人员一定要把控好小礼品的有效赠送,防止重复领取。推广过程中态度、耐心也是特别重要的。在很多人的"包围"下,要避免烦躁、焦急。

活动实施

步骤1:市场调查

小佳负责调查公司周边的小区,统计写字楼的数量和规模;李平准备好印有公众号二维码的小礼品和直播的工具,林华根据小佳的调查结果,分析并安排好人手和活动顺序。

步骤2:设点摆摊求关注

林华、小佳、李平分别带领公司的员工各自占领不同社区,开始了直播求关注送礼物的活动。林华组来到"高大尚小区"跟小区物业提前沟通好,物业提供场地给林华做推广。大伙把礼物陈列好,见到小区人流量越来越大的时候,就开始宣传,大家被林华他们热情又真诚的态度感染了,并同意关注"江南美食"公众号。

活动评价

林华他们通过周密的计划,一步一个脚印,从市场调查再到现场社区推广,都是亲力亲为,收获颇多,也锻炼了组织能力、协调沟通能力,胆子也大了许多,看到写字楼的人们热情而又随和,林华感到无比的喜悦和振奋,体会到凡事要敢于迈出第一步,接下来就要步步为营,乘胜追击。

活动3　维护公众号

活动背景

经过一周时间林华、小佳、李平3人顺利完成"吸粉"1 000的任务,为了能够持续维持微信公众号的作用,为了效果更好,林华决定做好"江南美食文化"公众号的日常维护工作,经常发布美食推荐、转发免费试吃以及一些集赞换优惠券等。

?? 想一想

如何维护公众号呢?

□ 知识窗

如今,微信公众平台已成为大众进行线上交流和了解各类新鲜资讯的主要平台之一,因此,公众号的管理和维护显得尤为重要。

1.做好公众号的定位

想要做好公众号的运营,品牌定位是要首先考虑的,因为这一步将决定公众号后期的发展和方向,每个自媒体企业都有自己的优势领域和某方面的内容产出能力,在一定程度上,什么样的内容决定了什么类型的关注用户。

2. 找目标人群

想要找到目标人群就要把内容推送出去,可以将信息进行分发,根据不同的特点去发送内容,以使目标人群看到信息的概率增大,同时掌握到目标人群的触媒习惯,如活跃时段等。

3. 吸引用户关注

找到目标人群之后,需要把信息传递给他们,来吸引用户的关注,将信息传达给用户的途径有很多。比如关注之后,将信息发送到自己的朋友圈,并截图回复给公众号。

4. 增加粉丝的活跃度

粉丝不活跃的几种原因:用户看不到公众号更新的内容,被其他信息淹没了;内容不够吸引人,标题没有让用户点开观看的欲望。

那么如何让用户保持活跃?

(1)持续优质内容的产出

这是用户活跃的基础,如果每期内容都能让用户感到惊喜,那么用户就会对公众号的内容充满期待,内容上线时,用户一定会马上关注。

(2)阶段性的活动

可以定期规划组织一些活动,带给用户一些惊喜。

(3)搭建粉丝话题项目

在有能力的条件下,在微信菜单栏创建一个专门的板块,创建一个微社群,并引导用户在社群内积极发言,讨论相关的话题等。

活动实施

步骤1:发布"中秋节优惠大放送"信息

"江南美食文化"为了同大家一起庆祝"中秋节",林华发布了一条图文信息"#特邀您共度美好时光,中秋节当天关注"江南美食文化"公众号,即可享受全场半价特惠套餐,敬请期待!#",并配上了促销的图片(图8.3.7)。

步骤2:发布信息

林华还发布了"#集满32个赞,营养炖汤免费喝#"文字信息(图8.3.8)。

图 8.3.7　发布"中秋节优惠大放送"信息

图 8.3.8　发布"集赞"信息

活动评价

林华团队通过对公众号的日常维护，明白了公众号要持续得到粉丝的关注，就需要对公众号进行定期更新内容。

活动4　分析公众号数据

活动背景

经过一段时间的微信公众平台运营后，黎经理想了解一下"江南美食文化"公众号运营情况。黎经理找到林华，希望林华团队对公众号运营数据进行分析，以便于公司对这段时间公众号推广业务情况进行全面的了解，也有助于公司对林华他们小组的业绩作一个合理的评估。林华号召全体成员尽量提供公众号业务中可以反映或衡量他们业务质量和业务数量的指标。

?? 想一想

如何分析公众号的数据呢？

□ 知识窗

公众号数据分析主要用到微信公众平台后台的"统计"，左侧第六个模块中，而大部分的数据分析应用前4个功能即可，分别是用户分析、内容分析、菜单分析和消息分析。

1. 用户分析

用户分析包含用户增长+用户属性

用户增长包含4个关键指标，新增人数、取关人数、净增人数、累积人数。新增人数和取关人数是每天实时涨粉、掉粉的数据，净增人数＝新增人数－取关人数，而累积人数是当前实时关注总人数。

2. 内容分析

内容分析包括群发分析和多媒体分析，其中群发分析又分为全部群发和单篇群发。内容分析的数据指标分为阅读、分享、跳转阅读原文、微信收藏和群发篇数等。

3. 菜单分析

菜单分析指对公众号自定义菜单的用户访问数据进行分析。自定义菜单的用户访问数据代表着公众号的用户活跃度。菜单分析会展示一级菜单及二级菜单的详细访问情况，对各个菜单的点击次数、点击人数及人均点击次数都有详细的统计。不同的菜单会有不同的点击访问情况，访问情况的高低代表用户的访问兴趣和功能价值。运营人员应该定期更新自定义菜单，对阅读量较低的菜单内容进行替换或换级展示，增加对用户有吸引力、有价值的菜单内容。

4. 消息分析

引导用户关键词回复与用户主动互动消息。

消息分析是指对给公众号发送消息的人数、次数进行分析，消息的多少代表公众号的活跃程度。消息分析还能提供关键词的数据情况，关键词分为自定义关键词和非自定义关键词。用户回复自定义关键词，代表着按照公众号的设置获取信息，而出现频率高的非自定义关键词代表着用户的核心需求。

活动实施

林华团队打算从用户、内容、菜单和信息四项核心内容对公众号数据进行分析。

步骤1:用户分析

林华团队首先对公众号的用户进行分析。林华登录公众号后台,打开"数据"模块中的"用户分析",林华看到了"新增人数、取消关注人数、净增人数和累积人数"这4项的数据趋势图(图8.3.9),并发现取消关注人数的变化对公众号的运营影响很大。如果取消关注人数比新增人数多,表明公众号运营陷入了危险的境地,需要立即对公众号进行诊断优化,可以通过用户调研等方式找到原因。

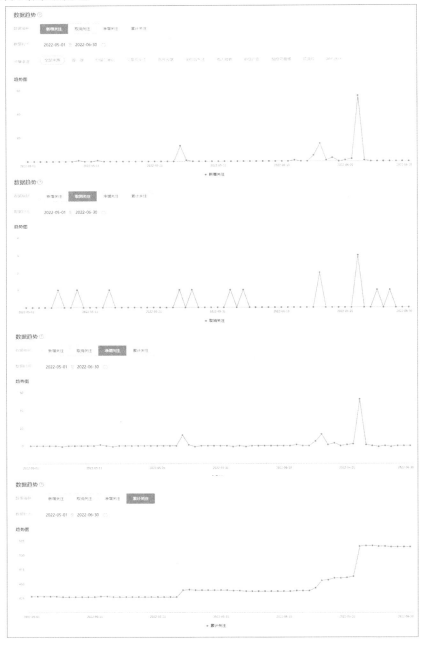

图8.3.9　用户分析数据趋势图

由于公众号开放的用户属性(图8.3.10)数据有限,林华发现,可以根据用户的特点调整公众号运营策略。如果某公众号的女性用户占绝对比例,则公众号的内容选题、文章风格甚至是价值观输出,都应以女性用户为主。

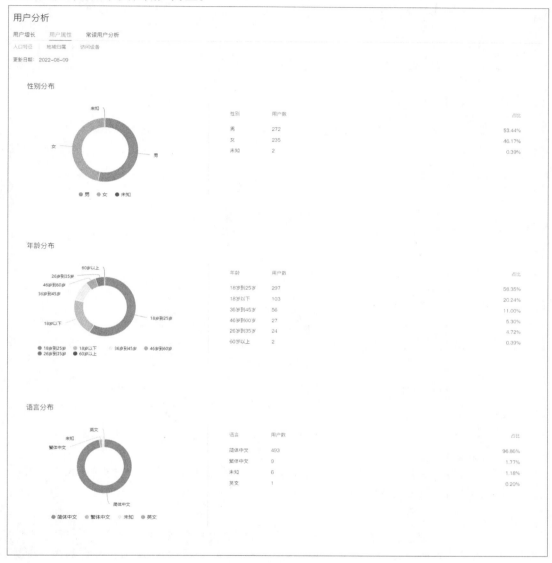

图8.3.10　用户属性

步骤2:内容分析

接下来,林华对公众号的内容进行分析(图8.3.11),通过对文章的阅读情况进行分析,特别是单篇内容分析,有助于运营人员优化标题以及内容创作方向,通过多维度的数据对比和分析,可以很直观地看到哪些文章有优化的空间。林华认为运营人员应该掌握文章的传播特点,为后续文章的优化提供思路和线索。

步骤3:菜单分析

林华登录微信公众平台,进入"数据"中的"菜单分析"(图8.3.12),对菜单点击次数、菜单点击人数和人均点击次数进行了分析。林华发现不同的菜单会有不同的点击访问情况,访问情况的高低代表用户的访问兴趣和功能价值。

作为运营人员,林华认为应该定期更新自定义菜单,对阅读量较低的菜单内容进行替换或换级展示,增加对用户有吸引力、有价值的菜单内容。

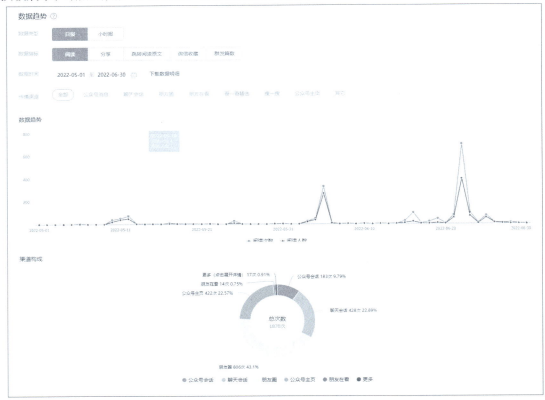

图 8.3.11　内容分析

步骤4:消息分析

最后林华分别对消息发送人数、消息发送次数和人均发送次数进行了分析(图8.3.13),通过对公众号的消息进行分析,林华发现,消息的多少还能代表公众号的活跃程度。

活动评价

林华自从注册开通了"江南美食文化"公众号,就很用心地在维护、编辑、分析数据和更新维护微信公众平台的内容。关注度、知名度、营业额等三方面都显示出了一定的推广效果,让林华一组成员尝到了成功的喜悦,黎经理认为林华他们的运营基本上达到了项目初期设定的效果。

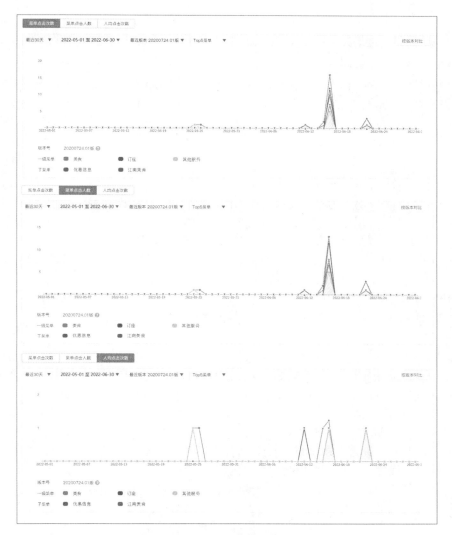

图 8.3.12　菜单分析

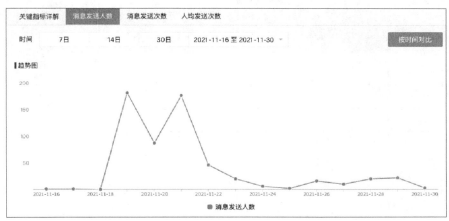

图 8.3.13　消息分析

项目总结

本章主要介绍了微信公众号的账号分类、公众号的注册流程、如何添加公众号内容、利用微信公众平台吸粉、利用社区推广、分析公众号数据等内容，使同学们了解到微信公众号是开发者或商家在微信公众平台上申请的应用账号。该账号与 QQ 账号互通，平台上实现和特定群体的文字、图片、语音、视频的全方位沟通、互动，形成了一种主流的线上线下微信互动营销方式。微信公众账号已经成为个人或企业信息展示、信息发布的平台，在线沟通、产品展示的平台。

素养提升

随着社会的不断发展，网络不断影响着人们的各个方面，成为人们生活中不可缺少的部分。微信公众号作为以网络为基础发展的新媒体传播载体，如何充分利用微信公众号这一最具占有率的新媒体积极开展素质教育，打造正面舆论场域，变得更加必要而迫切。以武汉某职业学院为例，自建立官方微信公众号以来，利用新媒体平台创新传播形式，传播党和国家方针政策，转载权威媒体关于国家大型会议、领导人讲话和有关精神要义，培养学生关注国家大事的习惯，在全校师生中积极宣传正能量信息，营造良好舆论氛围。

作为网络推广工作人员，应具备无私奉献、恪尽职守、乐观奋进的高尚情操，树立积极向上的正能量价值取向，积极发挥舆论引导作用，打造正面传播场域。

项目实训

实训背景:广州蝶梓商贸有限公司是一家经营护肤品的公司,近期打算利用目前流行的微信平台进行网络推广。机构决定由李阳阳、王潇、林琳等 5 位中职学生为微信运营团队,通过微信公众平台,利用朋友圈的力量宣传企业文化和产品信息,达到推广和销售的目的。

实训任务描述及任务分工:

第 1 小组:负责创建微信公众平台。

第 2 小组:利用 "美妆大赛" 的方式吸粉,写大赛具体方案。

第 3 小组:负责维护、更新微信公众平台内容,并分析微信公众平台运营数据。

第 4 小组:负责跟进 "美妆大赛" 的投票、咨询,以及礼品处理等问题。

实训评价:

实训评价表

指标 组别	是否完成 （10 分）	完成质量 （25 分）	完成时间 （5 分）	团队合作 （10 分）	汇报情况 （50 分）	得分
第 1 小组						
第 2 小组						
第 3 小组						
第 4 小组						

项目检测

1. 单项选择题

(1)一张银行卡(含信用卡)最多可绑定(　　)个微信号。

　　A. 1　　　　　　　　B. 2　　　　　　　　C. 3　　　　　　　　D. 4

(2)根据微信转账官方说明,账户转出每月前(　　)元不收取手续费。

　　A. 5 000　　　　　　B. 10 000　　　　　　C. 15 000　　　　　　D. 20 000

(3)一个微信号最多可绑定(　　)张银行卡(含信用卡)。

　　A. 2　　　　　　　　B. 5　　　　　　　　C. 8　　　　　　　　D. 10

(4)一个微信账号中的支付密码能设置(　　)个。

　　A. 1　　　　　　　　B. 2　　　　　　　　C. 多　　　　　　　　D. 3

(5)微信是(　　)公司于 2011 年 1 月 21 日推出的一个为智能终端提供即时通信服务的免费应用程序。

　　A. 百度　　　　　　B. 腾讯　　　　　　　C. 新浪　　　　　　　D. 雅虎

(6)微信团队在其公众平台发布抄袭行为处罚规则:第一次(　　)。

　　A. 罚款　　　　　　B. 封号　　　　　　　C. 删文并警告　　　　D. 删文

(7)微信公众平台发布抄袭作品第二次会被封号多少天?(　　)

　　A. 7 天　　　　　　B. 5 天　　　　　　　C. 3 天　　　　　　　D. 永久封号

(8)微信公众平台发布抄袭作品第三次会被封号多少天?(　　)

　　A. 10 天　　　　　　B. 15 天　　　　　　C. 30 天　　　　　　D. 永久封号

(9)(　　)指对公众号自定义菜单的用户访问数据进行分析。

　　A. 单篇图文分析　　B. 全部图文分析　　C. 用户分析　　　　　D. 菜单分析

(10)(　　)是网络经济时代企业或个人营销模式的一种。

　　A. 微信营销　　　　B. 微博营销　　　　　C. 邮件营销　　　　　D. QQ 营销

2. 多项选择题

(1)微信公众平台有哪些功能?(　　)

　　A. 群发推送　　　　　　　　　　　B. 自动回复

　　C. 一对一实时互动交流　　　　　　D. 在线支付

(2)用户可以通过(　　)方式添加好友。

　　A. "摇一摇"　　　B. "搜索号码"　　　C. "附近的人"　　　D. 扫二维码

(3)对于不遵守平台规则,乱使用"原创声明"功能的恶意和违规行为,一经发现和被举报,微信公众平台将(　　)。

　　A. 永久回收其"原创声明"　　　　B. 封号处理

　　C. 罚款　　　　　　　　　　　　　D. 警告

(4)公众号可以群发哪 3 个类别的内容?(　　)

　　A. 文字　　　　　　B. 语音　　　　　　　C. 图片　　　　　　　D. 视频

(5)以下哪些选项是正确的?(　　)

　　A. 群聊支持二维码,扫一扫就能加入

B. 语音可以撤销发送

C. 朋友发来的位置可以导航

D. 实时对讲，多人实时语音聊天

(6) 微信密码如何找回？（　　）

A. 通过手机号找回 　　　　　　　　　 B. 通过身份证找回

C. 通过 QQ 号找回 　　　　　　　　　 D. 通过邮箱找回

(7) 用微信聊天，可以发送哪些形式？（　　）

A. 支持发送语音短信 　　　　　　　　 B. 文字

C. 视频 　　　　　　　　　　　　　　 D. 图片

(8) 以下哪些选项可以添加好友？（　　）

A. 查看 QQ 好友添加好友 　　　　　　 B. 查看手机通讯录

C. 摇一摇添加好友 　　　　　　　　　 D. 二维码查找添加好友

(9) 微信支付支持(　　)发卡的贷记卡。

A. 深圳发展银行 　　　B. 建设银行 　　　　C. 农业银行 　　　　D. 平安银行

(10) 公众号的用户分析分为(　　)两个部分。

A. 用户增长 　　　B. 用户属性 　　　　C. 朋友圈的信息 　　　D. 聊天信息

3. 简述题

(1) 如何添加公众号？

(2) 简述微信订阅号、服务号、企业号和微信小程序的区别。

(3) 公众号运营数据分析有哪 4 项核心内容？

4. 趣味挑战题

利用集赞增加粉丝的方法，策划并设置公众号增加粉丝流程，传播集赞海报，实现 1 000 名粉丝的增长。

项目 9
粉丝抢夺——电商直播战

【项目综述】

　　某月亮实业有限公司于 2001 年成立，旗下拥有个人护理、衣物护理和家居护理三大系列。近期，网络营销中的直播电商逐渐火爆，公司准备成立直播部进行产品的推广及粉丝的抢夺。

　　刘欢同学是电子商务专业三年级的学生，应聘到了该公司直播部的实习岗位，开始跟着林部长熟悉部门的业务，现在接到公司"双 11"的直播推广任务。刘欢、汪丰、李莉等人在林部长的带领下在直播间进行产品推广。

　　某月亮洗衣液是中国洗衣液市场的领导品牌，蝉联八届洗衣液冠军，2010 年市场份额高达 44%。为了让市场份额稳步提升，产品推广必须采用当下电商增长最快速的网络营销方式——电商直播。

　　在这次"双 11"电商直播中，刘欢收获很多，熟悉了电商直播的流程，包括直播前的筹备，直播中的策略及直播后的评估，理解了直播电商的内涵、不同直播电商平台的差异，熟悉了直播电商的实施流程以及方法，学会如何进行电商直播，也掌握了电商直播效果评估的方法。刘欢在这次直播中表现出色，得到部长的肯定。

【项目目标】

知识目标

通过本项目的学习,应达到的具体目标如下:

◇ 理解直播电商的内涵。

◇ 掌握常见的直播电商平台及其差异。

◇ 熟悉电商平台直播流程及掌握直播方法。

◇ 掌握电商直播效果评估的方法。

能力目标

◇ 能够选择适合产品的直播平台。

◇ 能够在直播前策划、筹备与拟写脚本。

◇ 能够在电商平台进行直播。

◇ 能够有针对性地进行直播效果评估。

素质目标

◇培养学生遵纪守法、诚实守信的职业道德。

◇培养灵敏的洞察力、应变能力。

◇培养创新能力、活动策划能力。

【项目思维导图】

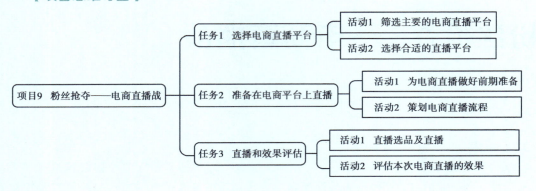

任务 1 »»»»»»»

选择电商直播平台

情境设计

林部长就"双 11"电商直播召开会议,会议上要求大家畅所欲言,将自己认为可行的方案提出来讨论。刘欢提出某月亮的主打产品"洗衣液"和"洗手液"为生活消耗品,主要的消费人群为年轻人士、公司白领阶层及年龄稍大的家庭主妇,喜欢网购,偏好逛"淘宝",结合某月亮的产品特点和淘宝直播的平台规则,可以选择淘宝直播平台。经讨论后,公司最终采用了刘欢的直播平台方案。林部长安排刘欢为小组长,带领汪丰、李莉一起完成电商直播平台选择及开通任务。刘欢很高兴,带领组员马上开展工作。

任务分解

随着电商直播的发展,各大电商平台以及短视频平台纷纷进入电商直播领域,入场直播电商除了需要根据自身优势选择合适的直播平台,还要熟练掌握对应平台的规则以及操作细则。刘欢他们讨论后请教林部长,并归纳出选择电商直播平台的几大依据:平台特点、消费人群、企业需求。本次任务主要分为两个活动:①筛选主要的电商直播平台;②选择合适的直播平台。

活动 1　筛选主要的电商直播平台

活动背景

电商直播的平台有很多，如果在每个平台都发布直播，不一定能得到最好的效果，成本也会很高，所以从中选择一个最适合某月亮的直播平台是很有必要的。

?? 想一想

刘欢他们会怎么选择电商直播平台呢？

□　知识窗

1. 直播电商的内涵：中国消费者协会认为："直播电商"是一个广义的概念，直播者通过网络的直播平台或直播软件来推销相关产品，使受众了解产品各项性能，从而购买商品的交易行为，可以统称为直播电商。本文的电商直播是指在电子商务环境下，利用直播媒介促进商品和服务的购买和销售的电子商务营销推广方式。

2. 常用直播平台

（1）腾讯直播

腾讯直播的平台有微信小程序直播、企业微信直播、看点直播、NOW 直播和其他第三方开放的直播平台。腾讯直播最大的价值在于私域流量的开发和持续沉淀，能够实现工具化的社交裂变。

（2）快手直播

快手直播最大的价值在于提高用户的黏性，快手直播优先基于用户社交关注和兴趣来调控流量分发，主打"关注页"推荐内容。快手的运营管控直接链接内容创作者与"粉丝"，加强双方黏性，沉淀私域流量，诞生了信任度较高的"老铁关系"，因此与于达人合作过程中用户会因为达人的推荐而关注企业的直播间，从而为直播间带来流量。

（3）淘宝直播

淘宝直播同时拥有私域流量和公域流量，是典型的混合域直播方式，流量的来源一方面是电商店铺原来的"粉丝"，另一方面是淘宝直播根据直播间权重推荐的流量。

活动实施

步骤 1：筛选出主要的电商直播平台。

会议上大家开展头脑风暴，热烈地讨论着，每人都提出不同意见。李莉说目前直播平台有淘宝直播、抖音直播、腾讯直播、西瓜视频直播、哔哩哔哩直播、快手直播等。

● 淘宝直播平台：淘宝直播是阿里巴巴推出的直播平台，定位于"消费类直播"，用户可边看边买，涵盖的范畴包括母婴、美妆等（图 9.1.1、图 9.1.2）。

● 抖音直播平台：抖音是国内目前热度很高的短视频及直播平台（图 9.1.3）。

● 腾讯直播平台：腾讯直播是腾讯 2019 年 12 月官方推出的直播工具，为所有内容主、商家、品牌提供技术的直播平台（图 9.1.4）。

图 9.1.1　淘宝直播官网 1

图 9.1.2　淘宝直播官网 2

图 9.1.3　抖音直播平台

图 9.1.4　腾讯直播官网

步骤 2：整理不同电商直播平台的规则。

刘欢总结了主要的几个电商直播平台的规则，林部长对会议内容做了归纳总结。腾讯直播以"看点直播"的工具形式为主，通过已有的个人朋友圈、公众号、微信群，以"去中心化"的方式由主播自行获取平台流量。主打私域流量，直播前需要通过公众号推文、朋友圈定向邀约等方式宣传预热。快手直播优先基于用户社交关注和兴趣来调控流量分发，主打"关注页"推荐内容，直播获得流量的方法是持续更新优质内容。抖音直播流量来源于是否能做好短视频，需要定时发布与直播相关的短视频内容，在直播过程中同步更新，用短视频给直播间引流。淘宝直播90%以上都是商家直播，相比其他直播方式，淘宝直播是以货为中心的直播形式，要求企业具有较好的电商运营能力。

林部长总结了刘欢的发言，提出并要求刘欢他们尽快做好下一步工作，进行企业需求的分析，选择一个合适的电商直播平台。

活动评价

刘欢在接到任务后，积极主动和队友分工合作，交流想法，做了大量准备工作，考虑周全，学到了很多东西，了解了目前主流的直播平台以及不同直播平台的特点和差异，也得到了同事们的认可和领导的肯定。刘欢决定再接再厉，做好下一步的工作。

活动2　选择合适的直播平台

活动背景

刘欢他们整理了不同直播平台的特点与规则，接下来需要分析企业的需求，尽早确定直播平台。确定电商直播平台需要考虑很多因素，团队分工合作很重要，每个工作成员要做好充分准备，明确自己的职责，做好本职工作，才能尽早完成任务。

?? 想一想

刘欢他们需要考虑什么因素呢？

知识窗

常用直播平台的定位：

(1)淘宝直播

在淘宝直播平台上，品类丰富，品牌全面，消费者在直播电商购物品类主要以服装、日用百货、美食、美妆为主，该平台的直播业务已经发展成熟，且直播风格偏专业化，适合商家来此平台做直播。

(2)抖音直播

抖音直播，在该直播平台上的主要消费群体以年轻人为主。用户在该平台偏好家居日用品、女装以及食品饮料等，同时在该平台直播带货，带货与娱乐属性同时兼具，适合主打人设的网红达人和品牌商来做直播。

(3)快手直播

快手直播受到用户需求的影响，男性商品较多，主要是男装、器械、食品饮料、家居日用等产品，而且该平台的直播业务相对成熟，适合工厂商家来做直播。

活动实施

步骤1：结合企业需求及消费群体进行分析。

某月亮的需求是对产品的推广，主打产品是洗衣液。为了使企业的需求与平台的特点更清晰，刘欢他们制作了一个表格，见表9.1.1。

表9.1.1　目标人群分析比较表

比较类目	某月亮品牌	抖音直播主要目标群体	淘宝直播主要目标群体
目标群体	20~55岁女性消费者	24岁以下的消费者	20~50岁女性消费者
收入	中高收入群体	中低收入人群	中高收入人群
性别	女性、老年人	年轻女性	女性
受教育程度	受教育程度高	受教育程度中、低	受教育程度中、高
地域	城市	四线及以下城市	一、二线城市

　　刘欢他们根据表格内容，对某月亮品牌产品进行推广，首先找出某月亮的目标客户画像，其次对比抖音直播以及淘宝直播的主要目标群体的客户画像，根据匹配度，刘欢他们发现淘宝直播更符合某月亮品牌的客户群体，所以选择淘宝直播平台作为首次的直播平台。

　　步骤2：确定直播平台。

　　汪丰提出可以在抖音上进行直播，2020年抖音日活用户已突破6亿，日均视频搜索次数已超4亿，具有很好的粉丝基础。但刘欢提出了不同的意见，刘欢认为抖音虽然是一个成长性很好的直播平台，但某月亮企业并没有基础，应该选择具有一定基础的直播平台，刘欢提出在淘宝平台上直播，一是可以利用淘宝的某月亮旗舰店的流量，而且淘宝直播是以货为中心的直播形式，用户购物目的明确。林部长认同刘欢的观点。刘欢他们搜索了大数据分析出来的主要直播平台的受众及数量，如图9.1.5所示。

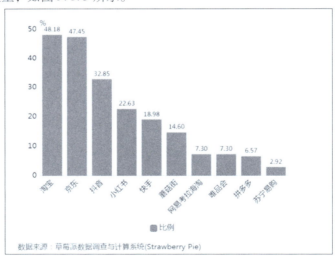

图9.1.5　各网络直播平台用户占比

　　根据图9.1.5可以看出，直播用户更多地集中在淘宝平台、京东平台，其次是抖音平台、小红书平台，与刘欢他们对客户画像的匹配值相符合，选择淘宝直播平台进行直播。

活动评价

　　确定了直播平台后，大家按照自己的工作内容，分工合作，有条不紊地进行。选择直播平台是电商直播的第一步，也是很重要的一步，刘欢对接下来的任务非常期待，公司领导对刘欢的表现也非常满意，期待他有更好的表现。

任务 2 »»»»»»»
准备在电商平台上直播

情境设计

林部长要求刘欢几人做好开播前的准备，刘欢开始搜集资料，撰写脚本、分解流程，刘欢的工作得到领导的肯定和表扬，于是他更加努力地工作。

任务分解

电商直播前需要准备的工作有很多，包括前期准备与流程策划。刘欢为了做好充分的准备，查阅了很多资料，最终把前期准备工作分解成人物要素、场景要素等；流程策划分解成直播活动、直播脚本及直播运营等。本任务主要分为两个活动：①为直播电商做好前期准备；②策划直播电商流程。

活动 1 为电商直播做好前期准备

活动背景

直播电商的前期准备可以分为人物要素、场景要素及其他准备工作，刘欢决定各个击破，他认为每个部分都不可或缺，组合在一起才能构建成完整的直播电商。

?? 想一想

前期准备的任务要素、场景要素及其他准备工作具体有哪些？

□ 知识窗

1. 直播前的准备

直播前要精准识别消费者需求，找到消费者的痛点与痒点。首先要深入调研消费者，分析消费者的基本属性；其次要选择最适合所推荐商品的消费者群体，完成消费者画像；接着针对消费者的需求，有效构建直播商品的卖点；最后对直播形象及特色进行持续塑造，加深消费者的认可。

2. 主播的素质

主播是直播中最关键、最重要的人员，也是出镜率最高、最受观众关注的焦点人物。主播需要具备一个感染力、开朗大方且善于沟通的出镜形象，能跟观众形成良好的互动。不仅如此，还应当具有一定的决策与应变能力，在直播时如果出现关键且紧急的情况，主播需要迅速进行处理。另外主播还需要掌握直播工作中的常用技巧。

3.直播间布局的原则

直播间布局应当依照明确和简洁两个原则。"明确"就是直播间要通过文字或图片等直接告诉用户"这个直播是做什么的";"简洁"即直播间布局应简单明了,直接告诉用户"这个直播间是什么直播间"。我们在布局时需要根据品牌定位和商品特点来做出相应的设计。

活动实施

步骤1:确定直播的人物要素。

(1)主播

刘欢等人觉得主播是直播中的第一要素。一般来说主播需要从消费者状态、商品与竞争、卖点、优惠或质保力度等方面入手,最终以演示、互动与激励等手段完成内容输出。刘欢他们讨论后,认为李莉比较有亲和力且善于沟通,具有一定的应变能力,有做一个主播的潜质,而且李莉本身也对主播很有兴趣,于是暂定李莉为直播的主播。

(2)辅播

直播除了主播,还需要相关人员一起出现在镜头前完成场景转变,同时还需要实时关注直播平台的关键数据、处理紧急情况,辅播是直播间的控场人员,对主播起到重大的支持作用。三人讨论后认为刘欢和汪丰比较适合做辅播,汪丰善于活跃气氛,刘欢对数据比较敏感,适合在直播时监控后台的数据变化,适当调整直播的行为和表达方式、控制直播节奏与进度。

步骤2:确定直播的场景要素。

(1)设备

直播间的场景就是线下的直播场景,刘欢他们认为虽然一部手机也能直播,但要保证直播的质量,需要更专业的设备,比如说更专业的摄像头,有美颜功能的摄像头,还需要智能手机、电话卡、手机支架。

(2)直播间的物料汇总

直播间除了设备,还需要一定的布局,包括灯光和背景。不同的灯光带给用户不同的直观体验,所以直播现场的灯光也需要根据产品进行调整。刘欢他们进行了讨论,查阅了很多资料后,汪丰整理了一份物料表格,除了直播的补光灯,还有直播间的装饰、播放设备、电源插座以及直播需要用到的商品等,向林部长申请购买并得到批准。

电商直播间物料简表见表9.2.1。

表9.2.1　电商直播间物料简表

序号	物料名称	数量	单位	规格与用途
1	智能手机	3	部	直播手机
				商铺手机
				音乐播放手机
2	电话号码卡	2	张	分别用于直播账号登录、商铺账号登录
3	手机支架	2	个	分别用于直播与辅播的手机,需匹配高度
4	路由器	1	个	配套网络上传带宽不低于1Mbit/s

序号	物料名称	数量	单位	规格与用途
5	补光灯	9	个	柔和轨道聚光灯、吊灯、立体射光灯多台互相搭配
				环形灯至少1个,要求具备补光美颜功能
6	装饰	1	套	室内背景布(绿幕或蓝幕)、室内背景板
				室内挂件、摆件等
7	播放设备	1	套	移动话筒、支架、耳机、转接线等
8	电源插	若干	个	备用源插若干
9	商品	若干	个	出镜、试用商品若干,备用商品、陈列商品若干

步骤3：准备其他相关工作。

刘欢他们认为初次进入直播行业的主播通常都需要在正式直播前进行演练,演练可以在直播前一个星期前进行,主要是进行整场演练和关键节点演练(如开播、结束、主推商品等)。

活动评价

刘欢等人在直播间的前期准备中确定了主播和辅播的人选,并且准备好了直播设备。他们相信好的开始是成功的一半,主播也是直播效果好坏的重要因素。主播和辅播都决定要多学习直播的技巧,希望在直播的过程中能让品牌获得更多消费者的支持与认可。

活动2　策划电商直播流程

活动背景

直播电商的前期准备除了人物的选择与确定,直播的流程、内容也是非常重要的。刘欢三人认为,持续优化并改进直播流程是获取直播红利的必然要求。

?? 想一想

直播电商的流程策划最重要的内容是什么?

▢ 知识窗

1. 直播预热

商家可以采用"预约"的方式,即让消费者通过预热活动入口进行预约,在直播开始前提前通过"粉丝"前来观看。预热的推广渠道和正式活动的推广渠道基本一致。商家在做直播预热的时候应重点突出活动福利,如超低价产品、秒杀等,同时要注意转发分享,扩大预热推广的覆盖范围。

2. 直播脚本

直播脚本就是直播的剧本,它以一篇稿件为基础,形成直播的工作框架,规范并引导直播有序推进。直播脚本有以下几个注意事项：

（1）简练完善，内容及细节根据企业、主播、产品进行调整；

（2）以完整的直播为单位，或以单品解说为单位；

（3）整场直播的脚本强调流程、时间、工作配合等单品的直播脚本则致力于产品卖点，突出特点与利益。

活动实施

步骤1：提前预热直播活动。

直播活动预热是直播活动开始前的必要工作。刘欢等人决定学习淘宝上优秀主播的直播预热方式。比如直播前会在微博发布直播预告，包括放出直播的产品以及关于直播间抢购的方法。在产品的预告上，有些产品的价格并不会完全显示出来，抛给消费者一个悬念，吸引那些希望通过直播间购买获得最低价的消费者（图9.2.1、图9.2.2）。

图9.2.1　淘宝直播预热　　　图9.2.2　主播直播间直播预热

步骤2：编写直播脚本。

（1）直播脚本的主要内容。

刘欢他们在正式开播前，观看了很多场直播，总结各大优秀主播的直播内容，制订了一份直播前需要准备好的直播脚本。一份完整的直播脚本需要包括的内容有直播目标、参与直播的人员、直播时间、直播主题以及直播间的互动活动、准备工作及特殊问题的处理方法（表9.2.2）。

表9.2.2　直播脚本内容

序号	内容	说明
1	直播目标	设定当日直播的考核标准。在设定目标时要考虑前期的数据，结合当场直播的推广情况，目标应是可达成的目标。
2	直播人员	直播人员包括主播、辅播、场控、客服、技术人员等，在脚本中应明确不同人员的职责及具体工作内容。
3	直播时间	确定直播的时间安排、各个内容的时间分配。
4	直播主题	确定直播的核心主题，如官方大促、年终盛典、厂家赞助。

序号	内容	说明
5	设计直播间的互动活动	在直播间的互动活动,如"粉丝"福利、现金红包、抽免单等。
6	准备工作	准备工作是直播脚本中的核心环节,需要明确具体的内容。一般包括场景布置、氛围塑造、产品陈列、卖点提炼、销售话术等。
7	特殊问题处理	直播中可能面临的问题,如观众提出的特殊问题的处理、网络问题、流量变化等。

（2）编写直播脚本。

明确了直播脚本的内容，刘欢等人结合某企业的特点、主播的特点、产品的特点拟定了直播脚本。某企业定于"双 11"进行首次直播，所以直播主题设计为"疯狂双 11，包邮秒杀"。一份完整的直播脚本除了涵盖基本要素，如时间、直播目标、直播人员、直播主题、前期准备以外，还需要列出具体的时间表，比如开场白的内容以及分配的时间、抽奖环节、产品介绍的具体内容以及时间，见表9.2.3。

表 9.2.3　某企业"双 11"直播脚本

2021 年 11 月 11 日			"双 11"直播脚本			
直播目标:销售金额达到 200 万元、观众超 10 万人,增加粉丝 2 万人						
直播人员:主播、辅播、场控、客服、技术人员						
直播时间:自20:30 开始,至 2:30 结束,共 6 小时:分预热、新品段等不同时间						
直播主题:疯狂"双 11",包邮秒杀						
前期准备:价格优势、利益优势、氛围创造、推广效果						
顺序	环节	时间单位/min	主要内容	参考话术	产品名称	直播间产品机制
1	开场白	5	清洁类产品开场白	Hi,大家好,相信很多人都听过我们的品牌某月亮,下面由我来给大家介绍一下我们的心动好物吧!	—	—
			主播自我介绍、产品介绍	哈喽,宝宝们,大家好,我是主播××。	—	—
2	抽奖环节	5	奖品介绍	听说今天××给我们带来了某月亮的惊喜福利哦,大家都好期待哦!	—	（直播专享）抽奖送礼品

续表

顺序	环节	时间单位/min	主要内容	参考话术	产品名称	直播间产品机制
3	产品介绍	40	介绍第一款产品	下面由我为宝宝们介绍一下第一款产品	×××	（直播专享）一套减20，两套减50，叠加5元券
			介绍第二款产品	接下来为大家介绍我们的第二款产品	×××	（直播专享）一套减30，两套减70，叠加10元券
			介绍第三款产品	接下来为大家介绍我们的第三款产品	×××	（直播专享）一套减20，两套减50，叠加5元券
4	合计	10	直播结束	感谢大家参与支持我们这次的互动，我们以后会争取给大家送福利的	—	—

活动评价

刘欢等人结合企业、直播产品对直播流程进行了设计，制作了直播脚本，离成功直播又近了一步。在直播脚本的制作过程中，发现一场直播需要一个团队的努力与协调，并不是一个人孤军奋战，在直播方面，还有很多需要学习的内容，也让他们三人对接下来的直播充满了期待，跃跃欲试。

任务3 》》》》》》》
直播和效果评估

情境设计

刘欢等人制作的直播流程通过了领导的审批，领导也对接下来的工作提出了几点建议：除了提前做好各项准备，正式直播过程中还有很多注意事项，还需要将工作具体化、详细化。为了完成领导布置的任务，也为了让直播进行得更顺利，刘欢三人进行了讨论和学习。

任务分解

为了确保直播的顺利进行，还需要做好直播的运营策略。林部长给刘欢等人提出了以下一些建议：直播的选品、直播过程注意控场，直播后根据数据改进。本次任务主要分为两个活动：①直播选品及直播；②评价本次电商直播的效果。

活动 1 直播选品及直播

活动背景

> 公司针对"双 11"制订了直播的销售目标,公司的产品品类很多,直播中产品的选择与流量转化都显得至关重要。

?? 想一想

刘欢等人会选择哪些产品用于直播呢?在直播中会采用什么方法增加流量的转化率呢?

🔲 知识窗

1. 选品策略

选品策略即通过相关方法挑选适合直播的产品。企业可以从价格和功能两个方面来匹配主流主播电商平台的用户需求。

(1)价格匹配:由于受制于运营的模式和用户群体的特征,只有高溢价、高频次、低价格的产品才是直播畅销品。在电商行业中,同质化问题严重,因此高性价比是提高指标带货成功率的关键因素之一。

(2)功能匹配:直播电商企业做产品决策的时候,一定要做到功能匹配,一方面直播的产品要匹配主播的内容标签,另一方面直播的产品要匹配直播间的用户画像。

2. 产品组合策略

产品组合策略是指根据产品线的分析以及市场的变化,调整现有产品结构,从而寻求和保持产品结构最优化的策略。主要有以下几种:引流款产品、特色款产品、主打款产品、利润款产品及产品组合。

转化策略

3. 转化策略

转化策略是指通过调价、活动等方式提升直播电商从流量到成交转化的策略。有几种方式:价格亮点、互动亮点、成交亮点、权益亮点。

活动实施

步骤 1:进行直播的选品。

刘欢等人首先搜索了今年直播的发展情况,了解在线直播用户规模、用户属性、地域分布。如图 9.3.1、图 9.3.2 所示。

刘欢等人从 2021 中国在线直播用户规模趋势图看出,2021 年中国在线直播用户呈持续上升的趋势,从 2018 年的 4.56 亿人上升至 2021 年的 6.35 亿人,可以得知直播用户是一个庞大的群体,且还有巨大的潜力和空间。证明某月亮品牌将营销方式扩展到直播领域是一个及时且正确的决定。

刘欢他们从 2021 年第一季度中国直播用户属性图中看出,在 2021 年第一季度直播用户中,男女比率比较平均,男性的数量略高于女性,在年龄分布上,主要年龄层为 24 岁及以下,其次为 25~30 岁的用户,李欢认为主要的直播用户为年轻人士,且月收入占比最大的是 3 000 元以下及 3 000~5 000 元的用户,所以某月亮在直播选品的时候应该考虑到用户的属性，不应该选择高端用户的产品，而应选择价格偏低或适中的产品。

图 9.3.1　2021 年中国在线直播用户规模趋势

图 9.3.2　2021 年第一季度中国在线直播用户属性

从图 9.3.3 可以看出，在 2020 年中国直播用户城市主要集中在二线城市、北上广深、新一线城市中。直播产品的选择也要考虑城市居民的特点，快速的生活节奏，选择特点为便利的产品可能更能得到直播用户的青睐。

根据以上数据，他们采用两种运营策略：一种是价格匹配；另一种是功能匹配。用价格及功能匹配主要受众的偏好，选择出了本次直播的产品，包括两个主推款"洁净洗衣液""至尊洗衣液"，一个引流款"抑菌洗手液"、两个特色款"衣领净""去味洗衣液"及 3 个产品组合。

步骤 2：利用转化策略提高直播间的转化水平。

根据前期的学习与讨论，刘欢他们根据图 9.3.4 数据分析，得出直播观众在互动参与程度及直播内容信任程度上都稍有提高。所以制订的转化策略亮点为互动和价格。价格主要通过限时抢购、福利优惠为切入点，互动则是通过点赞、评论、抽奖加强与消费者的互动，提高直播间的转化。所以在直播过程中设计了许多互动环节。

步骤 3：开始直播。

直播正式开始，刘欢他们调试好各项设备，晚上 8 点准时开始直播。李莉作为主播一开始有点紧张，但面对镜头慢慢开始放松，根据提前写好的脚本一步一步地进行，先是在开场白中介绍了自己"哈喽，宝宝们，大家好，我是主播莉莉"，看着直播间的粉丝慢慢增多，更是越来越放松。刘欢作为辅播，设置了一个直播间无门槛优惠券，只要进入直播间并关注主播就可以领取。

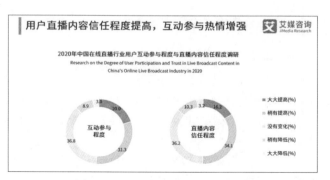

图 9.3.3　2020 年中国在线直播用户标签　图 9.3.4　2020 年中国直播在线用户互动参与程度与直播内容

马上来到了第一个互动环节：抽奖。李莉让粉丝在直播间打出"我来了"然后倒数 5 个数，汪丰拿着手机对着镜头喊出倒数同时截图，截图上留下的留言就是今天直播间的第一个获奖者。很快送出了直播间的第一份礼物，这个时候直播间的点赞数和收藏数都有了明显的增加。

接下来是本次直播的主要部分，李莉进行产品介绍，根据刘欢团队的选品结果，先用价格较低的引流款商品"抑菌洗手液"吸引了直播间的流量，然后介绍两款主推款商品"洁净洗衣液""至尊洗衣液"以及公司特色款商品"衣领净""去味洗衣液"。这个时候刘欢看到后台数据中粉丝数量有点回落，于是马上跟李莉沟通，让李莉进行直播间的互动，推出产品组合进行限时优惠抢购："今天莉莉给大家带来了某月亮的惊喜福利，请各位宝宝们做好准备哦，数量有限！"汪丰在直播间跟大家解释这个福利套餐："一套减 30，两套减 70，叠加 10 元券"通过一次互动，直播间的粉丝数量又有了增加。

直播的同时，李莉还回答了直播间粉丝的问题，也因为李莉幽默的回答吸引了一波流量。在直播结束前的最后一次福利，汪丰拿着手机对着镜头教直播间的宝宝们如何下单，直播间的粉丝数量也因为这个帅气的小哥哥持续增加。

直播间粉丝的问题越来越多，很多宝宝们问了关于物流、优惠、产品的相关问题，李莉有几个问题没有答出来，汪丰也马上进行了回答。直播马上迎来了尾声，随着李莉的"感谢大家参与支持我们这次的直播，觉得有趣的宝宝们请点关注，我们每周定时开播，每次都有大福利！欢迎关注，欢迎转发！宝宝们再见！"李欢团队的第一次直播结束了。

活动评价

刘欢等人为直播选择了产品以及制订了转化策略，在直播时对应不同的后台数据运用不同的互动策略。为直播顺利进行又付出了努力。在这个过程中，他们锻炼了信息搜索能力，提高了分析能力，林部长很高兴，对这个团队感到很满意。

活动2　评估本次电商直播的效果

活动背景

李欢团队的首场直播结束后，直播效果的评估与改进是很重要的内容，通过直播复盘可以帮助直播进行改进。

?? 想一想

直播评价有哪些重要的指标呢?

📖 知识窗

1. 直播电商的效果评估指标

直播电商的效果评估指标分为以下 3 个标准:

(1)流量指标:在线人数是直播间流量的核心指标,不同的直播平台有不同的流量评价指标。

(2)人气指标:互动数量是直播间人气活跃程度的核心指标,越是交互活跃的直播间,意味着用户对直播内容的参与程度越高。

(3)转化指标:成交单量是考核直播电商转化的核心指标,代表直播内容和电商销售达成了统一。

2. 直播电商的效果判断标准主要有以下 3 个:

(1)品牌曝光:直播的过程是不断向用户传播内容的过程,直播间的在线人数越多,代表内容的覆盖面越广。

(2)用户感受:直播过程是企业或个人与用户建立情感信任的机会,直播间的互动越活跃,代表直播间出镜的主播与用户之间情感信任的概率越大。

(3)转化成交:直播电商产品的销售转化,让直播的"粉丝"变成产品的客户,实现了从观看直播的用户、喜欢主播的"粉丝"到体验产品的客户的过程转变,直播间的转化指标即成交单量,成交单量高,代表直播间的内容真正帮助了产品的销售转化。

活动实施

步骤 1:记录本次电商直播的效果指标,如图 9.3.5 所示。

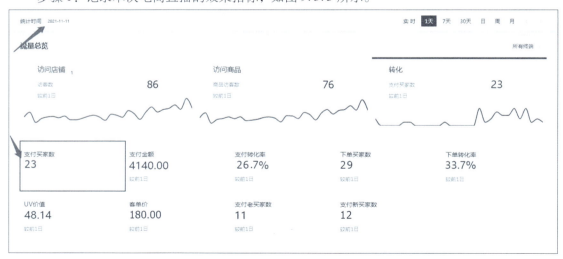

图 9.3.5 首次直播后台数据

刘欢等人结束直播后,根据后台的数据记录来评估本次直播的效果。淘宝直播后台数据包括访客数,商品访客数,转化率、支付买家数、支付转化率、下单转化率等指标。虽然是第一次直播，但因为有了直播预热，直播间的粉丝数量达到了预定的人数，而且互动数量达到了4%，这是非常高的转粉率，通常新人主播的转粉率在1%～5%之间。首次直播定在"双十一"，所以统计时间显示是2021-11-11，支付买家数为23，支付转化率达到了26.7%。对于第一次直播的团队来说是一个很好的效果，这也要归功于直播前的各项准备工作。

步骤2：评估本次电商直播的效果。

刘欢他们根据直播效果的判断标准对本次直播进行了判断，直播间的互动量为15%，能得到用户感受是不错的，支付转化率达到26.7%，下单转化率达到33.7%。

活动评价

刘欢等人的首次直播取得了成功，林部长对他们团队的表现给予了高度的评价。在这次直播中，刘欢三人的综合能力都得到了提高和锻炼，虽然第一次作为主播的李莉面对镜头会紧张，但提前的练习很快让她稳定了状态，也得益于团队的高度配合。他们三人也增加了对工作的信心。

项目总结

电商直播是品牌应对消费升级的必经之路，电商直播是围绕"人、货、场"展开的消费者与商品的渠道，给予了企业另一种经营品牌的路径。借助直播的高效率，企业一方面可以提高效率，另一方面也可以通过主播的人格魅力，达成"粉丝"积累和商品销售转化，进而实现品牌的建设。通过该项目的学习，可以学会直播的平台选择、前期准备以及直播运作及直播效果的评估。

素养提升

某企业品牌的直播体验帮助企业提高了销量，刘欢等人也更进一步学习了直播的方式。 通过国货品牌的崛起，充分体会到掌握核心技术的重要性，"技能伟大，强国有我"的使命，增进民族自豪感与荣誉感，激发了刻苦学习、钻研技术的奋斗精神。 同时直播推广作为助力乡村振兴的新力量，也让刘欢等人切领会到"民族要复兴，乡村必振兴"，鼓励学生利用电商新技术新手段讲好家乡故事，植根家国情怀。

直播电商的
发展

项目实训

实训背景：

现有一批农产品急需销售，但是农户并不会网络推广，不知道如何进行销售，打开市场。眼看着逐渐成熟的水果要烂在地里，心里很着急。 你作为电子商务毕业的学生，请利用直播的方式进行爱心助农。

实训任务描述及任务分工：

直播应包括以下几个任务：包括前期的准备、流程策划以及直播的运作、效果的评估。

实训评价：

实训评价表

指标 \ 组别	是否完成（10分）	完成质量（25分）	完成时间（5分）	团队合作（10分）	汇报情况（50分）	得分
第1小组						
第2小组						
第3小组						

项目检测

1. 单项选择题

（1）下面哪个不属于主要的直播平台？（　　）
　　A. 淘宝直播　　　　B. 抖音　　　　C. 京东　　　　D. 新浪微博

（2）直播的三要素不包括（　　）。
　　A. 人　　　　B. 货　　　　C. 品　　　　D. 场

（3）对直播电商理解正确的是（　　）。
　　A. 厂家是核心　　　　　　　　B. 只有大主播需要维护粉丝
　　C. 需要赢得消费者的信任　　　　D. 自己赚钱最重要

（4）淘宝直播是阿里巴巴推出的直播平台，定位于（　　）直播。
　　A. 娱乐型　　　　B. 消费型　　　　C. 情感型　　　　D. 才艺型

（5）（　　）是整个直播脚本的重点部分，包括直播的产品介绍、产品数量、产品类型等。
　　A. 直播内容　　　　B. 直播开场　　　　C. 直播话术　　　　D. 直播准备

（6）下列哪一项不属于直播带货的必备物料？（　　）
　　A. 智能手机　　　　B. 货物　　　　C. 手机支架　　　　D. 直播脚本

（7）哪一个直播平台与短视频质量有着重要的关联？（　　）
　　A. 淘宝　　　　B. 京东　　　　C. 抖音　　　　D. 小红书

（8）哪一项不是直播电商的特性？（　　）
　　A. 实时性　　　　B. 真实性　　　　C. 精准性　　　　D. 客观性

（9）直播电商爆发于（　　）年。
　　A. 2017　　　　B. 2018　　　　C. 2019　　　　D. 2020

（10）直播预热有什么作用？（　　）
　　A. 增强消费者记忆　　　　B. 提供内容　　　　C. 分析数据　　　　D. 延长时间

2. 多项选择题

（1）直播电商的效果评判标准有哪些？（　　）
　　A. 品牌曝光　　　　B. 访客数量　　　　C. 用户感受　　　　D. 转化成交

（2）直播人物要素的组成包括（　　）。
　　A. 主播　　　　B. 灯光设计　　　　C. 辅播　　　　D. 脚本设定

（3）直播营销更受青睐的原因有网络推广软文的策略分为以下哪两种策略？（   ）

　　A. 极强的实时互动性　　　　　　　　B. 获取精准用户

　　C. 实时产生转化　　　　　　　　　　D. 网络运营成本低

（4）直播电商的转化指标有哪些？（   ）

　　A. 流量指标　　　　B. 人气指标　　　　C. 转化指标　　　　D. 互动指标

（5）下面哪些属于直播的选品策略？（   ）

　　A. 价格匹配　　　　B. 消费匹配　　　　C. 外观匹配　　　　D. 功能匹配

（6）直播主播需要具备什么素质？（   ）

　　A. 抗压能力　　　　B. 学习能力　　　　C. 应变能力　　　　D. 人设打造

（7）直播脚本包括哪些内容？（   ）

　　A. 直播目标　　　　B. 直播主题　　　　C. 直播时间　　　　D. 主播活动

（8）直播间暖场策略有哪些？（   ）

　　A. 礼貌问候　　　　B. 拒绝冷场　　　　C. 区别对待　　　　D. 一视同仁

（9）直播后台数据有哪些指标？（   ）

　　A. 下单转化率　　　B. 支付转化率　　　C. 访客数　　　　D. UV 价值

（10）哪些概念可以理解为直播电商的本质？（   ）

　　A. 以人为本　　　　B. 以货为本　　　　C. 以场为本　　　　D. 以消费者为本

3. 简述题

（1）如何理解直播电商的本质？

（2）淘宝直播、抖音直播的主要区别是什么？

（3）如何评价一场直播？

4. 趣味挑战题

设计一个直播脚本。

请为接下来即将到来的"元旦促销"设计一场直播，产品为某月亮的王牌产品"机洗至尊洗衣液"。

参考文献

［1］ 程玲云,段建.网络推广［M］.南京:南京大学出版社,2014.

［2］ 沃德・汉森.网络营销原理［M］.北京:华夏出版社,2001.

［3］ 戴夫・查菲.网络营销战略、实施与实践［M］.北京:机械工业出版社,2006.

［4］ 刘春青.网络推广［M］.北京:高等教育出版社,2015.

［5］ 江礼坤.网络营销推广实战宝典［M］.北京:电子工业出版社,2014.

［6］ 祁较瘦.新媒体运营实战［M］.北京：人民邮电出版社,2019.

［7］ 余以顺,林喜得,邓顺国.直播电商:理论、案例与实训（微课版）［M］.北京:人民邮电出版社,2021.

［8］ 秋叶.新媒体数据分析:概念、工具、方法［M］.北京：人民邮电出版社,2018.

［9］ 乔晓娜,莫黎.网络与新媒体广告［M］.北京：人民邮电出版社,2021.

［10］ 王亚娟.刘小榴.网络广告制作［M］.北京：北京理工大学出版社,2020.

职业教育电子商务专业系列教材

"十四五"职业教育国家规划教材

电子商务基础（第3版）
主编:钟雪梅
书号:978-7-5624-9541-3

电子商务物流（第3版）
主编:雷颖晖
书号:978-7-5624-9542-0

网络客户服务实务（第3版）
主编:廖文硕
书号:978-7-5624-9592-5

移动电子商务（第3版）
主编:容湘萍　肖学华
书号:978-7-5624-9595-6

网店运营（第3版）
主编:张雪玲
书号:978-7-5624-9978-7

网店装修（第3版）
主编:张文彬
书号:978-7-5689-0146-8

网络推广（第2版）
主编:许嘉红
书号:978-7-5689-0837-5

网络客户服务综合实训（第2版）
主编:詹益生
书号:978-7-5689-0976-1

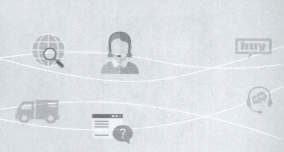

未完，待续......

职业教育电子商务专业系列教材

"十四五"职业教育国家规划教材

网络广告制作精选案例（第2版）

商务软文写作（第2版）
主编：唐汉邦
书号：978-7-5689-0979-2

网络广告制作精选案例（第2版）
主编：李浩明
书号：978-7-5624-8579-7

网上开店（第3版）
主编：欧阳俊
书号：978-7-5624-9770-7

网店美工实战（第2版）
主编：孙 令
书号：978-7-5689-2184-8

直播电商基础（第2版）
主编：彭 军
书号：978-7-5689-2966-0

网店运营综合实战
主编：吴 成 王 薇
书号：978-7-5689-2965-3

网店视觉营销设计与制作
主编：叶丽芬
书号：978-7-5689-2964-6

跨境电子商务实务
主编：李晓燕
书号：978-7-5689-2980-6

未完，待续……